지은이 **비벡 슈라야** Vivek Shraya

음악, 문학, 시각예술, 영화 등 경계를 가로지르며 다양한 작품 활동을 펼치는 캐나다의 예술가. 인도 이민자인 부모에게서 태어나 트랜스 여성으로서 경험해온 삶과 세계를 거침없이 투영하는 그의 작품들은 우리가 성별에 대해 생각하도록 배운 방식에 도전할 뿐만 아니라 사회 변화를 도모하는 방법에 관해서도 통찰력을 제공한다. 여성성과 여성혐오, 인종화된 신체에 가해지는 폭력을 다룬 음반 《파트타임 우먼Part-Time Woman》은 캐나다 공영방송 CBC 선정 2017년 최우수 캐나다 음반으로 꼽혔으며, 같은 해 인종화된 몸을 주제로 한 첫 시집 《이 페이지조차 백지다even this page is white》는 LGBTQ 문학상인 퍼블리싱 트라이앵글상Publishing Triangle Award(트랜스/젠더 비순응 문학 부문)을 수상했다. 이후로도 캐나다 최고 명반에 주어지는 폴라리스 음악상Polaris Music Prize 후보에 올랐고, LGBTQ 문학상 중 가장 권위 있는 상으로 평가되는 람다문학상Lambda Literary Award 후보에도 여러 번 오른 바 있다. 《나는 남자들이 두렵다》는 그의 첫 에세이로, 유색인 트랜스 여성으로서 자신의 삶을 여성혐오, 젠더, 인종, 섹슈얼리티의 교차점으로 엮어낸 문제작이다. 두려움을 화두 삼은 이 압축적인 에세이는 단숨에 읽히며 남성성의 해악과 젠더 이분법에 대한 성찰을 촉발한다. 비벡 슈라야는 현재 성소수자 여성/청소년의 삶을 개선하기 위해 설립된 티건 앤드 세라 재단Tegan and Sara Foundation의 이사이자 캘거리대학교University of Calgary 문예창작과 조교수로 재직 중이다.

나는 남자들이 두렵다

I'M AFRAID

나는 남자들이 두렵다

OF

MEN

비비 슈라이야 지음 | 현아율 옮김

마티 오월의봄

슈라야가 말하는 두려움은 남성 자체를 두려워한다거나 혐오한다는 의미가 아니다. 이 책의 두려움은 특정 태도에 공모하는 이들을 향한다. 남성성과 폭력성을 등치하는 태도, 여성성을 경멸하고 평가절하하며 남성성을 우대하는 태도, 어린 시절의 슈라야에게는 지나치게 여성적이라고 말하고 트랜지션을 한 슈라야에게는 충분히 여성스럽지 않다고 말하는 태도, 트랜스젠더퀴어라는 이유만으로 적대하거나 경멸하는 태도…… 이런 모든 태도는 인간을 남성성 아니면 여성성의 양자택일로 강제하며 규범적 성역할에서 벗어나고자 하는 실천을 조롱거리로 만든다. 또한 이런 모든 태도는 남성성과 여성성에 얽힌 복잡한 지점을 논의할 수 없도록 만들고, '좋은 남성'이라는 종교적 교리처럼 예정된 실패만 실천하도록 한다. 비벡 슈라야가 말하는 두려움은 바로 이런 태도에 공모하는 이들이 두렵다는 의미이며, 이 책은 그러한 공모가 만든 폭력을 이야기한다.

모호함과 비순응을 강조하는 슈라야는 남성성과 여성성으로 제한되지 않는 잠재력을 존중할 것을 제안한다. 또한 이제까지 mtf/트랜스 여성과 남성성 사이의 관계를 금기처럼 다루지 않았던 상황에서 남성성을 새롭게 논의할 수 있는 소중한 기회를 제공한다. 우리에게는 남성성과 관련한 더 많은, 더 다양한 이야기가 필요하다. 이 책이 제공하는 소중한 기회를 많은 사람이 함께할 수 있기를 바란다.

— 루인, 트랜스/젠더/퀴어연구소 선임연구원

비벡 슈라야의 글은 아프도록 쉽게 잘 읽힌다. 복잡하게 가혹한 세상의 언어를 가로질러, 끝끝내 쉽고 유려한 일상의 언어로 자신의 이야기를 풀어낸다. 유색인 퀴어 트랜스젠더 여성이라는 긴 이름이 붙은 삶으로 기꺼이 당신을 초대한다.

당신에게 오버사이즈 패션은 스타일인가 위장인가. 낯선 이와의 눈빛 교환은 연애의 시작인가 혹은 경멸과 폭력의 전조인가. 남자와 남자가 만드는 공간이 두려웠던 적이 있는가. 비슷한 두려움을 스스로에게, 혹은 당신이 속한 커뮤니티의 아주 가까운 이에게 느끼지는 않았는가.

충분히 남자답지 못하거나 여성스럽지 않은 당신에게, 또는 인생에서 그렇게 느낀 순간은 기억조차 없다 단언하는 흔들림

없는 당신에게 이 이야기가 때맞춰 도착했길 바란다. 슈라야의 솔직하고 치열한 이야기가 터져 나오게 만들 더 많은 목소리를 나는 벌써부터 기대하고 있다. ─이반지하, 예술가

강렬하다. 젠더 정체성에 관한 낡아빠진 믿음에 지각변동과도 같은 균열을 불러일으킨다. ─《토론토 스타Toronto Star》

금세, 그러나 완전히 몰입해 읽게 되는 에세이. 비벡 슈라야는 삶에서 겪은 다양한 폭력과 유해한 상황에서 마주친 남성들을 논하기 위해 이인칭을 동원한다. 자신의 경험을 트랜스여성혐오transmisogyny, 젠더, 인종, 섹슈얼리티, 권력, 두려움의 교차점으로서 엮어내는 복잡하고도 엄밀한 탐구를 해낸다. ─《북 라이엇Book Riot》

비벡 슈라야는 기억을 하나하나 세공해 은유를 가미한 시적 산문에 담아낸다. 그는 줄곧 더 깊은 성찰을 유도하는 난제와 내면의 물음에 맞서며 진솔함과 유약함으로 글을 쓴다. 책장에 새로이 꽂아둬야 할 중요한 책이다. 이 책을 통해 우리는 그간 간과되었던 유색인종 트랜스 여성의 시선으로 세상을 볼 수 있다. ─《커커스 리뷰Kirkus Review》

서정적이면서 고통스럽지만 겹겹의 유머 또한 녹아 있다. 젠더에 대한 시야를 확장하고 더 제대로 행동하게끔 북돋는다. 우리는 저자가 제기하는 문제를 필히 받아들여야 한다. 슈라야의 감정과 생각에 뛰어들 수 있게 해주는 선물 같은 책이다.

—루피 카우르,《허니 앤 밀크》저자

비벡 슈라야는 자신이 남성성과 맺어온 개인사를 고백하는 한편, 유해하고도 낡아빠진 젠더 이분법 바깥으로 탈주할 길 하나를 제시한다. 책을 읽으며 자꾸만 차오르는 눈물을 훔쳤고, 그렇지 않을 때는 줄곧 고개를 끄덕였다. 비벡 슈라야의 굴하지 않는 목소리가 담긴 이 책은 모두의 필독서다.

—티건 퀸, 음악가(티건 앤드 세라)

비벡 슈라야의 글쓰기는 언제나 공감을 불러일으키는 동시에 도전적이다. 친절하면서도 날카롭다. 이 책은 남성성, 특권, 두려움에 대한 통념에 직면하지 않을 수 없게 한다. 슈라야의 글을 읽은 당신은 속속들이 더 나은 사람이 될 것이다.

—사치 코울,《어차피 우린 죽고 이딴 거 다 의미 없겠지만》저자

차례

여자들이 말을 하면 많은 남자가, 심지어는 여자들도 겁을 먹고 화를 낸다. 이 야만적인 사회에서 여자들이 진실을 말하려면 전복적으로 말하는 수밖에 없으니까. 짓눌리고 억눌린 당신은 탈주하고 전복한다. 우리는 화산 같은 존재다. 우리 여자들이 우리의 경험을 우리의 진실로서, 인간의 진실로서 말하는 순간, 모든 지형도가 뒤바뀔 것이다. 전에 없던 새로운 산맥들이 생겨날 것이다.

—어슐러 K. 르 귄

나는 남자들이 두렵다. 내게 두려움을 가르친 것이 남자들이었기 때문이다.

　나는 남자들이 두렵다. '소녀girl'라는 단어를 무기 삼아 나를 공격한 것이, 이로써 그 단어에 겁먹도록 가르친 것이 남자들이었기 때문이다. 나는 남자들이 두렵다. 내가 지닌 여성성을 혐오하고 기어이 망가뜨리도록 가르친 것이 남자들이었기 때문이다. 나는 남자들이 두렵다. 내 안의 비상한 면모들을 두려워하도록 가르친 것이 남자들이었기 때문이다.

　내가 느낀 두려움은 너무 극심해서 본연의 여성스러움을 뿌리친 대가를 치르고 타고난 소녀다움girlhood을 되살리기까지 이십 년에 가까운 세월이 걸렸다. 트랜스 여성으로 커밍아웃한 오늘날에도 지난 어느 때보다 더 커다란 공포를 느낀다. 이 두려움은 하루가 시작해서 끝날 때까지 내가 내리는 수많은 선택을 지배한다.

출근 준비를 하는 아침, 여성스러움이 부각돼 원치 않는 관심을 끌 만한 옷이나 액세서리는 고르지 않는다. 내 비순응적 젠더gender nonconformity*에 가해질 수 있는 여러 괴롭힘의 층위 가운데 빤히 쳐다보는 행동은 그나마 가장 덜 폭력적인 축에 속하지만, 거듭 응시의 대상이 되다 보면 나는 서서히 이질적 존재가 되어간다.

몸에 달라붙는 바지라도 입으면 건물 바깥에서 일하는 건설노동자들의 눈에 띄지 않기 위해 버스 정류장으로 발걸음을 재촉한다. 그들은 나를 보는 아침마다 고성을 지른다.

만원 버스나 전차에서는 남자들과 눈을 마주치지 않으려 한다. 그래야만 어떤 남자도 내가 자신에게 관

---

* 남성과 여성 둘로만 구분하는 기존의 이분법적 젠더규범에 순응하지 않는 개인들의 행동과 젠더표현을 일컫는 용어.

심이 있을 거라 생각하지 않을 테니까. 그래야만 내가 자신의 매력에 홀려 충동적으로 행동할 것이라 함부로 가정하지도 않을 테니까. 나는 혹여나 남자들에게 몸이 닿지 않도록 어깨를 움츠린다.

출근길에 트위터나 페이스북에 접속할 때면 여성과 젠더 비순응자gender nonconforming people를 향한 폭력을 다룬 기사를 맞닥뜨릴 마음의 준비를 한다. 또 한 명의 유색인종 트랜스 여성이 살해됐을 수도, 원주민 여성의 실종 내지 피살 소식일 수도 있다. 혹은 성폭행에 관한 보도일지도 모른다. 이런 사건을 보도해 가시화하는 건 중요한 일이지만, 사건을 단순화한 선정적인 보도는 일종의 사회적 통제이기도 하다. 그것은 내가 두려움에 떨며 가급적 눈에 띄지 않도록 애써야 한다고 말한다.

아무리 내게 교사로서의 권위가 있다고 해도, 교실의 남학생들이 일제히 웃음을 터뜨릴 때면 어김없이 당황스럽다. 혹여나 내가 웃음거리가 된 건 아닌지 염려되기 때문이다. 나는 수업 내내 자기비하적 유머를 구사하곤 한다. 나 자신을 펀치라인으로 만들어버리면 그들의 웃음소리가 주는 고통이 덜해질 테니까. 나는 대체로 남학생들의 이름을 먼저 외우게 되는데, 내가 교실에 있는 남학생들을 과민하게 의식하기 때문이기도 하고, 그들이 목소리를 내는 데 워낙 거리낌이 없기 때문이기도 하다. 그렇다면 아무리 두려움 때문이라고 한들 여자보다 남자를 먼저 인식하는 이 같은 행위가 결과적으로 남자들의 성공 전반에 일조하게 되지 않을까? 나는 수업이 끝날 때마다 여학생들(특히 인종화되는 racialized 여학생들)의 이름을 되뇌며 교실을 떠난다. 뿌리 깊은 성차별에 맞서 싸우려는 나름의 노력이다. 나는 성적에 이의를 품은 남학생이 개별 면담을 신청할 때조차 불안하다. 개인 교무실에 단둘이 있는 상황에서 그가 소리를 지르거나 나를 공격할까봐 두렵다. 나는 두려움을 감당해야 할 뿐만 아니라 이런 공포가 혹여나 특혜로 귀착되지 않도록 경계해야 한다.

직장 동료나 작가를 비롯한 남자들에게 이메일을 보낼 때는 문장 하나하나를 세심하게 작성하고 느낌표를 사용한다.

안녕하세요, 짐!

잘 지내고 계시죠! 이 주 전에 저희 부서 찬장이 망가져서 메시지 드렸는데, 확인차 연락드려요!

시간 되실 때 살펴봐주실 수 있을지 말씀 부탁드립니다!

감사합니다!

VS

느낌표는 메시지를 순화한다. 남자들과 효과적인 의사소통을 하려면 순종은 필수다. 그를 동요시키거나 흥분시킬 의도가 없을 때도 마찬가지다. 나는 순종이 전해지도록 느낌표를 사용해 어조를 완화한다. 자기주장을 내세우거나 단도직입적으로 말하는 일은 내게 허락되지 않는다.

점심시간에 길을 나섰다가 뒤에서 남자가 걸어오는 소리가 들리면 그가 앞질러 지나가도록 인도 가장자리로 몸을 옮긴다. 내가 아무리 서둘러도, 발걸음이 아무리 재빨라도, 불안을 떨칠 수는 없다. 남자들은 콘크리트 바닥에 발을 질질 끌며 자신의 존재를 공간적·음향적으로 내세우곤 한다. 그러나 어깨 너머로 뒤를 돌아보았을 때, 그곳에는 아무도 없었다. 등 뒤에서 조그맣게 바스락거리는 소리에도 겁을 먹는 나밖에는.

악기점이나 카메라 전문점에 갈 일이 있을 때면 사전 조사를 충분히 해야 한다. 수염과 체모가 덥수룩한 남자 직원에게 질문할 상황을 만들지 않기 위해서다. 이들은 도와주겠다는 핑계로 내게 지분거리거나 내가 올바른 모델 번호나 특정한 세팅에 대해 잘 모른다며 허풍 떨기 십상이다. 그래서 가끔은 그냥 남자친구에게 기타줄을 사와달라고 부탁하기도 한다. 남자들의 젠체하고 교만한 태도 앞에서 나는 곡을 쓰고 음반을 녹음하고 투어를 하면서도 수년 동안이나 내가 음악가임을 밝히지 못했다.

퇴근 후 아파트에 도착해 몸을 실은 엘리베이터가 내려야 할 층에 다다르면, 마지막 순서로 내릴 수 있을 때까지 가만히 기다린다. 그래야만 내 뒤에 선 남자가 나를 복도 막다른 곳으로 몰아넣는 사태를 피할 수 있을 테니까. 혹여 부득이하게 먼저 내려야만 하는 상황에는 귀신에 쫓기기라도 하듯 집을 향해 내달린다. 현관문에 전단이라도 붙어 있으면 매번 덜컥 겁에 질린다. 종이 위에 **호모 새끼**faggot라고 적혀 있는 건 아닐까 싶어서.

공연을 위해 저녁에 다시 집을 나서야 할 때도 있다. 그런 날에는 현관문에 귀를 댄 채 복도에 아무도 없다는 확신이 들 때까지 기다린다. 입술을 붉게 칠하고 몸 곳곳에 금장식을 한 채 이웃 남자와 마주칠 수는 없으니까. 혹은 남자친구에게 건물 입구까지만 바래다달라고 부탁하기도 한다. 우버Uber*가 생기기 전에는 도로까지 같이 걸어가 택시를 잡아달라고 한 적도 있다. 나는 트랜지션transition**을 시작한 뒤에야 내가 일생 동안 영위해온 독립독행이 대체로 남성 특권에 따른 것이었음을 깨달았다. 젊은 여성으로서의 삶은 나 자신을 재교육하도록 명령한다. 타인에게 의존하거나 도움을 청하는 행위를 나약하거나 한심한 일이 아니라 필연처럼 여기도록 길들여지는 것이다.

---

* 스마트폰 기반의 승차 공유 서비스.
** 자신의 젠더를 긍정하거나 성별 위화감gender dysphoria을 완화하고자 스스로를 포용하고 변화를 추구하는 과정을 일컫는다.

나는 앱을 통해 우버가 어느 쪽에서 오는지를 확인
하고는 반대 방향으로 고개를 돌려 시선을 둔다. 그러
면 지난번처럼 멀리서부터 나를 알아본 운전기사가 그
냥 지나쳐 가는 일은 일어나지 않겠지. 기사를 기다리
는 동안에는 애써 시야를 좁힌다. 그래야만 빤히 쳐다
보는 낯선 행인들의 시선을 모른 체할 수 있으니까.

차에 타서는 즉시 전화기에 정신을 뺏긴 척한다.
여성 비하를 일삼을지도 모를 기사와 일말의 불쾌한 교
류도 하지 않기 위해서다. 살다 보면 자꾸만 그런 일이
일어나서 심기를 거스른다.

"저 동양년들은 맛이 어떠려나?"

**"계집애들이 헐벗고 날뛰는 꼴을 보아하니 벌써 여름
이네."**

**"지난주에는 뒷자리에 애 엄마, 앞자리에 딸내미를 태웠
는데, 그 딸년 싱싱한 보지 냄새가 아주 진동을 하더라고."**

기사들은 이런 식으로 난폭하게 자신의 남성성을
드러냄으로써 내 젠더 때문에 불편해진 심기를 해소하
려 든다. 일단 나를 '남자 취급'하며 여성성을 강탈해
자신의 '형제bro'로 삼은 뒤, 여성에 대한 과잉 성애화된

oversexualized 말들을 늘어놓는다. 한번은 쓰레기를 담은 비닐봉지를 건네며 내릴 때 버려달라는 택시기사도 있었다. 내가 쓰레기라는 이야기를 나름의 방식으로 표현한 것이었을까?

공연에 앞서 사운드를 점검할 때면 마이크에 대고 "테스트, 테스트"라고 두어 번 중얼거리고 노래 한두 소절을 불러보는 것으로 금세 리허설을 마친다. 나는 모니터 스피커, 보컬 마이크, 오디오 트랙의 음량을 높이거나 낮춰달라고 요청하지 않는다. 리버브 효과를 넣어달라는 소리는 감히 엄두도 못 낸다. 내가 (엉터리 음악을 뜻하는 암호인) '랩톱 음악'을 한다며 음향기사가 불평이나 욕설, 험담을 내뱉을까봐 아무것도 요구하지 않는다.

공연이 있을 때는 반드시 클렌징 티슈를 챙긴다. 비교적 안전한 장소인 공연장을 떠나기 전에 서둘러 '얼굴을 지워야' 하기 때문이다. 이마에 붙은 빈디_bindi_*

---

*   이마 중앙에 점을 찍거나 보석을 붙이는 장식. 힌두교 문화권에서 유래했다.

를 떼어내 바람에 날려 보내는 밤이면 어느 때보다 커다란 슬픔을 느낀다. 마치 내게서 떨어져 나온 조각 하나와 상징적 이별을 하는 것 같다.

내가 남자들에 대해 느끼는 두려움은 일종의 연료다. 이 연료는 생존 본능으로서 내 몸을 보호하지만, 남용으로 이어져 내 몸을 좀먹기도 한다. 트랜스젠더로 커밍아웃한 뒤 나는 무수한 급성 통증과 반복사용 긴장성 손상 증후군repetitive strain injuries에 시달렸다. 하지만 어떤 의사도 이 증상을 설명하거나 치료하지 못했다. 그들은 의심 어린 눈길로 물을 뿐이다. "정말 아무 일도 없었어요? 어디서 넘어진 것도 아니고?" 그럴 때면 이렇게 답하고만 싶어진다. "제겐 사는 게 공포인걸요."

바라는 대로 보이고 행동하고 교감할 수 있는 선택권이 주어지는 유일한 순간은 하루를 마치고 집에 돌아왔을 때뿐이다. 나는 피로에 찌든 채, 어떻게 이 모든 일을 내일 또 반복해야 할지 곱씹지 않으려 애쓴다.

내가 시시각각 타협만 하는 듯해 마음이 무겁다. 남자들의 폭력이 두려워서 입고 싶은 옷을 입고 외출하지 못하는 것도, 주말이나 공연 때만 화장을 하는 것도 마음을 짓누른다. 여전히 사람들 눈에는 내가 남자로 보일 때가 많다는 뜻이니까.

두려움의 화신처럼 비춰질까 괴롭기도 하지만, 더욱 고통스러운 건 내가 충분히 여자처럼 보이지 않는다는 이유로 남들에게 비난받아 마땅하다는 기분이 들 때다. 어린 시절 같은 반 남자애들은 내가 너무 여자애 같다는 이유로 괴롭힘을 일삼았다. 그들을 제지할 유일한 방법이 남자애처럼 행동하는 것뿐임을 뒤늦게 깨달았지만, 내가 평범한 남자애가 될 수 없으리라는 사실은 진작부터 알고 있었다. 그럼에도 남자라는 새로운 역할을 능숙하게 소화할수록 더 안전해질 수 있다고 생각했던 나는 그 시절을 살아내기 위해 뛰어난 소년이 되고자 했다. 바로 그 때문에, 오늘날 남들이 나를 남자로 볼 때면 그것이 (완벽한 남자가 되기 위해 분투하고 실제로도 그 일을 곧잘 해낸) 내 잘못 때문에 벌어지는 일은 아닌지 마음을 졸이게 된다.

남자로서 능숙해지느라 막대한 대가를 치러야 했지만, 남자들을 관찰하고 나만의 남자다움을 창조한 수년간 많은 것을 배우기도 했다. 남자들을 두려워하면서도 그들에게 매력을 느낀다는 부차적인 난제 또한 견뎌내야 했다. 이런 경험을 통해 나는 젊은 퀴어 트랜스 여성으로서 다음과 같은 물음에 대해 말할 수 있는 독특한 위치를 점하게 되었다. 좋은 남자라는 말은 실제로 어떤 의미인가? 우리는 타인에게 두려움을 자아내지 않는 남성성의 형식들을 어떻게 다시 상상해야 하는가?

우리는 곧 집어삼켜질 듯하다. 음산하기 짝이 없는 학교 정문은 언제라도 나와 우리 아빠, 다른 학생들과 학부모들을 잡아먹을 준비가 돼 있다. 주변을 둘러보지만 익숙한 얼굴은 보이지 않는다. 동네에 새로 생긴 이 학교가 아니라 조금 멀더라도 초등학교 친구들이 있는 중학교를 선택했어야 했나 생각해본다.

아빠는 인파로 어수선한 분위기 속에서도 유일하게 갈색 피부를 가진 학부모를 대번에 발견한다. 우리 아빠와 너희 엄마는 금세 오랜 친구처럼 수다를 떤다. 직업과 고향을 묻고 온갖 참견을 하며 서로에게 남아시아적 친절을 내보인다. 두 사람이 급속히 가까워진 이상, 이제 그 대가를 치르는 수밖에 없다. 이들은 앞으로 너와 내가 친하게 지낼 거라고 제멋대로 결론짓는다. 두 사람은 우리 둘을 소개하고, 나는 **그래, 이제 가서 놀아라,** 하는 말이 들릴 때까지 가만히 기다린다. 집에서라면 으레 그랬을 테니까. 그러나 놀랍게도 두 사람 입에서는 아무 말도 나오지 않는다.

너와 나는 서로를 파악한다. 네 피부색은 내가 아는 다른 갈색 피부의 아이들보다 어둡지만, 내 남동생과는 비슷하다. 문득 네가 네 엄마와 똑같은 억양으로 말하는지 궁금해진다. 겉모습만 봐서는 알 수 없으니까. 나는 나중에 아빠의 말을 듣고 나서야 너희 가족이 트리니다드* 출신임을 알게 된다.

네가 내 시간표를 낚아챈다. 가장자리가 구겨진다. 너는 잠시 들여다보더니 어쩔 수 없다는 듯 시간표를 돌려준다. 우리가 같은 반이라는 사실이 드러난다. "너

---

*　정식 명칭은 트리니다드 토바고 공화국. 중앙아메리카 카리브해 동남쪽의 섬나라로 트리니다드섬과 토바고섬으로 이뤄져 있다.

무 잘됐다!" 주변을 서성이던 네 엄마가 불쑥 끼어든다. 너희 엄마와 우리 아빠는 모든 걸 알고 있다는 듯한 미소를 서로에게 지어 보이며 우리의 우정을 성공리에 주선했다고 믿는다.

지루한 환영사가 끝나고 우리는 마침내 교실에 다다른다. 너는 내가 자리를 고를 때까지 기다렸다가 멀찍이 자리를 잡는다. 그 결정은 우연한 만남에서 싹튼 동포애가 만개하기를 기대한 부모들의 소망에 종말의 그림자를 드리운다. 우리의 절연은 네가 수십 명의 백인 남자애들 패거리와 어울리기 시작하며 비로소 확정된다. 우리가 같은 중학교에 다니게 될 삼 년간, 너를 포함한 그 패거리는 나를 **호모 새끼**라 부르며 괴롭힐 것이다.

가끔씩 너를 생각한다. 분노나 원한보다는 공감을, 때로는 선망을 품은 채로. 너는 백인이 대다수인 중학교에서 지내는 데 필요한 것들을 어떻게든 갖춰나갔다. **눈에 띄지 말 것.** 내 앙상한 몸 위로 늘어진 황갈색 피부는 너무나도 눈에 띈다. 게다가 뽐내는 걸음걸이와 소프라노 같은 웃음소리처럼 남자답지 않은 다른 특징들로 인해 나는 원치 않는 관심을 더 많이 받는다. 작은 키에 새까만 피부를 하고서 보라색 페이즐리 셔츠 차림으로 원어민 같지 않은 말투를 쓰는 네가 나와 친구로 지내기로 했더라면 우리는 어디에서나 지나치게 눈에 띄고, 너무 많은 위험에 노출됐을 것이다. 서로가 서로의 특색을 증폭하기만 했을 테지. 너는 그러는 대신 나와 거리를 두었고, 내가 하지 않았으며 어떻게 하는지도 몰랐던 일을 했다. 너는 동화되었다.

◆

십 대가 된 나는 자아 탐색에 접어들며 패션으로 개성을 표출하기 시작했다. 엄마가 입던 조다시Jordache* 연청 재킷에 매료된 것도 그즈음이었다. 이 오버사이즈 재킷에는 유명한 말 모양 로고가 새겨진 금속 재질의 단추와 갈기를 대신하는 듯한 높다란 깃이 달려 있다. 80년대에 유행한 스타일이지만, 나는 요즘에도 이 옷을 입고 다닌다.

---

*   1980년대 초반 청바지로 인기를 끈 미국의 의류 브랜드.

이제는 엄마도 자신의 스타일과 액세서리에 관심을 가지는 나를 익숙하게 받아들인다. 엄마는 발리우드 Bollywood 영화의 화려함을 현실에서 구현해 보이는 화신 같은 존재다. 나는 금요일 밤마다 가족과 발리우드 영화를 보며 특유의 화려함에 마음을 빼앗겼고, 엄마를 너무나 경외한 나머지 그녀를 따라 하기 시작했다. 엄마는 캐묻거나 못마땅해하는 법 없이 내게 기꺼이 재킷을 빌려준다. 그러나 이처럼 흔쾌한 공유는 이민자 가정의 경제적 현실 때문이기도 하다. 내가 엄마의 재킷을 입으면 동생과 내게 사줘야 할 옷이 하나라도 줄어드는 셈이니까.

나는 반 남자애들과 비슷한 체형이 된 듯한 착각을 주는 어깨 패드의 느낌을, 여분의 옷감이 넉넉하게 몸을 휘감는 느낌을 좋아한다. 오버사이즈 패션을 하나의 스타일로서 만끽한 건 이때가 처음이자 마지막이었다. 이십 대에는 남자들의 시선으로부터 나를 보호하기 위해, 삼십 대에는 충분히 여성적이지 않은(이라고 쓰고 '충분히 마르지 않은'이라고 읽는) 몸을 감추기 위해 오버사이즈를 위장처럼 활용했다. 그러나 당시에는 엄마와 가까워진 기분을 느낄 수 있다는 점에서도 엄마의 재킷을 입는 게 좋았다.

어느 봄날 오후, 나는 조다시 재킷을 걸치고 책에 몰두한 채 학교에서 몇 블록 떨어진 버스 정류장 부근에 서 있다. 책을 읽고 있는데, 뒤쪽의 작은 잔디밭에서 너와 네 여자친구가 수군거리는 소리가 들린다. 네가 말할 때마다 소녀는 깔깔거리고, 그래서 나는 그 여자애가 네 여자친구라고(아니면 적어도 그렇게 되고 싶어한다고) 생각한다. 뭐가 그리 즐거운지 고개를 돌려 확인하려는 찰나, 무언가가 내 등에 툭 떨어진다. 뒤이어 곧장 키득거리는 소리가 들린다. 순간 온몸이 경직된다. 나는 뒤돌아보지 않은 채 본능적으로 독서를 이어간다. 몇 분이 지났을까. 또다시 무언가가 내 등으로 떨어지고, 킥킥대는 소리가 뒤따른다. 이런 패턴이 수차례 반복되자, 네가 내게 침을 뱉고 있을지 모른다는 생각이 불쑥 머리를 스친다.

이 공공연한 굴욕에도 나는 네가 우쭐하지 못하도록 아연실색한 기색을 내보이지 않는다. 나는 읽고 있는 문장들로 도피하려 애쓴다. 네가 침을 뱉기에 앞서 목을 가다듬는 소리, 네 여자친구의 깔깔거리는 웃음소리 등이 하나도 들리지 않는다는 듯 나는 둔감함을 가장한 채 지독히도 오지 않는 버스를 기다린다. 비로소 버스가 도착하고, 네가 뒤따라 타지 않는 데 안도한다. 버스에서는 차마 자리에 앉을 수 없었다. 등이 침으로 뒤범벅된 상태라면 좌석에까지 묻히고 말 테니까. 네가 침을 뱉었다는 게 그저 내 상상일 뿐이기를 바라본다. 그런데 대체 내게 침을 뱉은 이유가 뭐야? 우리는 아는 사이도 아니잖아. 어쩌면 너는 보도를 겨냥했을 뿐인지도 모르지. 그저 실수로 두어 번 빗나갔던 걸지도.

집에 도착하자마자 급히 방으로 올라가서는 마침내 재킷을 벗어 던진다. 축축한 얼룩이 등을 뒤덮고 있다. 재킷의 커다란 깃이 목덜미를 보호해주지 않았더라면 방금 벌어진 일에 대해 그토록 긴가민가하며 천진하게 있지는 못했을 것이다. 어떤 면에서는 엄마가 나를 지켜준 셈이었다.

그렇지만 다시는 엄마의 재킷을 입지 않기로 한다. 이 옷은 (여학생의 관심을 끌어보려고) 연거푸 침을 뱉은 한 남학생의 행위를 학교 운동장에서 흔히 벌어지는 괴롭힘과 구별해준다. 이 재킷이 여성용이기 때문이다. 그런 일이 벌어진 건 전적으로 그 옷 때문이다. 물론 내 탓도 있다. 그 옷을 입은 내가 남자애가 아니었다면 침으로 더럽혀지는 일은 없었을 테니까. 네가 타액에 담아 보낸 투명한 메시지는 그렇게 내게 얼룩을 남긴다.

요새도 나는 등 뒤에서 누군가가 기침을 하거나 목을 가다듬는 소리가 들리면 몸이 굳고 어깨가 움츠러든 채 표적이 되는 상황을 각오한다.

◆

사람들은 네 장대한 체격을 보고도 너를 무뚝뚝한 운동부원으로 분류하지 않을 것이다. 네 폭신한 갈색 곱슬머리는 늘 한가득 책을 든 네 손처럼 다정함을 암시하니까. 더욱이 나처럼 네 친구 대부분은 여자아이들이다. 그즈음부터 나는 내가 지닌 퀴어함queerness을 조심스레 받아들이기 시작한다. 또 생존의 한 방식으로써 내 존재가 사회적으로 인정받고 있음을 보여주는 빈약한 단서들을 수집하고 해석해야 할 필요성을 깨달아나간다. 세상에 나 같은 사람이 더 있는지 알아보기 위해 타인의 행동을 유심히 살피며 징후를 찾아보기도 한다. 너도 남자애한테 매력을 느낄까? 나만 그런 건 아니지 않을까?

나는 매주 너와 복도에서 마주치는, 과학시간과 사회시간 사이 오 분간의 쉬는시간을 고대한다. 나는 능수능란한 요부처럼 네가 내 앞을 지나치기 직전까지도 너를 못 본 척할 것이다. 그러다가 돌연 고개를 치켜들고 푸른빛이 담긴 네 눈을 삼 초 동안 가만히 바라볼 것이다. 너는 번번이 나를 향해 뒤돌아본다. 일주일에 한 번뿐인 우리만의 이 특별한 시선 교환을 나 못지않게 기다렸다는 듯이.

나는 태연하게 우리 둘 모두를 아는 친구에게 너에 대해 묻는다.

"걔 진짜 다정하지." 친구가 답한다.

"맞아, 완전 귀엽던데?" 나는 넌지시 비밀을 털어놓는다. 친구는 내가 게이임을 아는 몇 안 되는 사람 중 하나지만, 나는 아직 게이라는 단어를 쓸 만큼 대담하지 못하다. 어쩌면 친구는 네가 간직한 비밀도 알고 있을지도.

"어머, 너 걔 좋아해?"

"글쎄, 잘은 모르는 애야."

"어떻게 말하면 좋을까……"

"그럴 줄 알았어!" 나는 그렇게 말하고 싶은 마음을 꾹 참고 묻는다. "무슨 얘긴데?"

"네가 맨날 자기를 쳐다본다고 하더라고."

"걔가 그렇게 말했다고?" 기대했던 말은 아니지만 네가 내 존재를 알고 내 이름을 소리 내 말했다는 데, 나 혼자서만 우리의 교류를 꿈꾼 게 아니었다는 사실에 잠시나마 기쁨을 느낀다.

"근데 또 한번 그렇게 빤히 쳐다보면 다음번엔 주먹으로 한 대 쳐버리겠다더라."

"세상에."

우리가 서로에게 이끌리고 있으리라는 믿음은 산산이 조각난다. 내게 끌리기는커녕 육체적 고통을 입히길 바랐다니, 나는 이 충격을 표현할 단어를 떠올리지도 발음하지도 못한다. 너는 우리가 함께 아는 친구를 통해 경고의 메시지를 보낼 만큼 내게 상처를 주고 싶었던 것이다. 그 이후로 남은 고등학교 생활 동안 나는 너와 복도에서 마주치는 상황을 피했다. 심지어 오늘날에도 (아무리 친구나 동료일지라도) 다른 남자들과 제대로 눈을 마주치지 못한다. 시각적 커뮤니케이션이 신뢰할 만한 단서를 제공한다는 말도 더 이상 믿지 않는다 (시각적 커뮤니케이션이 허용되는지조차 의문이다). 크루징cruising*처럼 보이는 행동이 사실은 경멸일 수도 있다.

나는 인터넷을 통해 몇 가지 사실을 알게 된다. 너는 뉴질랜드에서 짧게 유학한 뒤 에드먼턴으로 돌아와 물리치료 클리닉을 개업해 명망을 쌓았다. 나는 네가 좋은 남자가 됐다고 상상하며 요새도 이따금씩 자위를 한다. 그럴 때면 네 손길과 보살핌 덕분에 내가 사람의 몸을 되찾게 된 것만 같다. 네 이력과 벗겨진 머리는 네가 새사람이 되었음을 보여주는 듯하다. 어릴 적의 그릇된 생각에서 벗어나 한결 현명한 사람이 된 것이다. 아마 너는 내게도 치료를 해줄 테지. 하지만 다른 환자

---

* 익명의 섹스 상대를 찾아 거리를 배회하는 행위를 일컫는 게이문화의 은어.

를 대할 때처럼 자가진단표에 질환을 기록하라거나 통증을 느끼는 신체부위를 표시하라고 요구하지는 않을 것이다. 다만 담백하면서도 진심을 담은 목소리로 이렇게 말할 테지. "미안해."

비록 너는 나를 혐오했지만, 아니 어쩌면 네가 나를 혐오했다는 바로 그 사실 때문에 이따금 나는 복도에서 너와 눈빛을 교환하던 순간을 떠올리며 내 몸을 더듬는다. 그러면서 스스로를 애써 설득한다. 이건 일종의 복수이며 이로써 내가 권력을 되찾는 거라고. 하지만 충분한 자신감(또는 망상)이 느껴지지 않으면 또다시 두려움에 휩싸인다. 실은 내가 자기혐오를 표출하고 있는 게 아닐까. 나는 남자들의 폭력에서 비롯된 위협이 내 섹슈얼리티를 어떤 식으로 형성하거나 훼손했는지 불안하다. 얼마나 많은 성적 욕망과 환상이 남자들의 잠재적·실제적 폭력에 의해 형성되는 걸까? 남자들의 폭력에 관한 어릴 적 경험이 섹슈얼리티의 형성과 제한에 얼마나 영향을 줄까? 섹슈얼리티가 형성되는 어린 시절에 남자들로부터 폭력을 경험하지 않았다면 지금쯤 내가 갖고 있을 욕망은 어떤 것이었을까? 내가 일찍이 다른 남자아이들의 폭력을 경험하지 않았어도 너의 부드러운 곱슬머리와 독서열에 매혹됐을까?

◆

나는 고등학교 생활을 버텨내기 위해 위장의 필요성을 집중적으로 학습한다. 위장이야말로 유일하게 믿을 수 있는 수단이니까. 나는 나를 공격하는 아이들 중 한 명이 된 것처럼 내 자신을 가장하기로 결심한다. 이렇듯 남자다움에 동화되는 건 내게는 진정한 의미로서의 전환transition이었다. 나는 십 대 후반에서 이십 대에 이르는 대부분의 기간 동안 주변 남자들의 행동을 주의 깊게 살펴보고, 미세한 부분은 메모까지 해가며 그것을 엄격히 따라 하는 데 심혈을 기울인다. 실험적인 패션을 좋아하는 나를 재교육하기 위해 남성 잡지를 탐독하며 어떤 옷들이 용인되는지를 학습한다. 파란색, 회색, 검정색이 아닌 색은 더 이상 입지 않는다. 목소리는 최대한 낮춘 채 여태껏 써본 적 없는 딱딱한 단조로 말하고, 그에 걸맞게 찌푸린 얼굴을 한다.

여기에 더해 나는 시대의 남성성을 대표하는 거대 아이콘인 톰 크루즈를 롤모델로 삼는다. 그가 남녀노소 모두에게 인기가 있다는 것(그리고 그 사실이 보장하는 모종의 보호)만 제외한다면, 나는 용감하면서도 타인을 보살피는 그의 여러 특징을 영화를 보며 충분히 모방할 수 있다. 심지어 달리는 모습까지도. 그렇게 나는 톰 크루즈가 말하고 행하고 입는다고 상상되지 않는 것은 모조리 멀리한다. 다만 힙한 미용실을 운영하는 친구가 안내원 자리를 제의했을 때만큼은 지체 없이 응했다. 아무리 '섞이기 작전'을 수행 중이라고 해도 여름내 일자리는 턱없이 부족했기 때문이다.

또 한 명의 안내원인 너는 내게 직무를 숙지시키는 업무를 맡았다. 내가 영수증 용지를 갈아 끼우느라 버벅거려도 너는 답답해하는 법 없이, 내가 조금씩 익숙해질 때까지 너그럽게 기다려준다. 그런 모습을 보며 네가 이성애자가 아닐 것이라 짐작하지만 놀랍게도 내 예상은 빗나간다. 나는 곧 내가 어떤 작전을 수행하고 있는지 털어놓기로 마음먹는다. 네게서 숙련된 기술을 전수받을 수 있을 거라 생각했기 때문이다. 너는 그 사실에 무척이나 기뻐하며 조언을 시작하는데, 이는 실제로 내가 고쳐야 할 게 있다는 뜻이기도 했다.

"게이들은 엉덩이에 뭐가 있는 것처럼 걷잖아?" 네가 입을 떼고 말을 시작한다. 나는 네가 화장실이 급한 것마냥 엉덩이를 치켜올린 채 뻣뻣하게 거리를 걸어 내려가는 모습을 지켜본다.

너는 내가 서 있는 곳으로 되돌아오며 말을 이어간다. "이성애자들은 크게 크게, 두 다리가 양방향을 향하게 걷지. 어깨는 내리고." 너는 친절하게도 한 번 더 시범을 보이는데, 조금은 활기찬 좀비가 걷는 것 같다.

네가 성큼성큼 걷는 모습을 흉내 내본다. 나는 벌써 수년째 고개를 꼿꼿이 세운 채 뽐내듯 걸어왔다. 세상 모든 거리와 복도가 런웨이라도 되는 것처럼. 갑자기 몸에 힘을 빼려니 낯설기만 하다.

"천천히! 서두르지 말고!" 너는 길가 한편에서 지도를 이어간다. "공간을 더 넓게 써!"

◆

친구와 나는 에드먼턴 프라이드*를 만끽하고 있다. 우리는 친구의 집 발코니에서 거리를 내려다보며 무지개 소품을 걸친 사람이 보일 때마다 환호를 보낸다. 무지개가 없는 내 옷차림은 남자처럼 모습을 바꾸고 있음을 보여주는 증거이지만, 하얀색 프루트오브더룸Fruit of the Loom** 러닝셔츠에 엄청나게 펑퍼짐한 파란색 카고 바지만으로도 제대로 꾸민 것 같은 기분이 든다.

"불편하지 않았으면 좋겠네. 친구를 한 명 불렀거든. 걔도 게이야." 초인종이 울리자 친구가 말한다.

"나야 좋지." 나는 마음에도 없는 소리를 하고는 물을 홀짝이며 침착함을 유지한다.

나는 대개 무리 지어 어울리기보다 단둘이 만나 얘기하기를 좋아하는 편이지만 에드먼턴에서 다른 게이를 만나는 건 무척이나 신경 쓰이는 일이다. 에드먼턴에는 이쪽 사람이 매우 드물기 때문이다. 우리들의 만남은 워낙 흔치 않고 그만큼 소중하기 때문에 이런 상

---

*   매년 캐나다 앨버타주 에드먼턴에서 열리는 성소수자 축제.
** 미국의 의류 브랜드.

황이 벌어지면 으레 서로에게 매력을 느끼거나 잠자리를 함께할 것으로 여겨지곤 한다. 우정으로만 남는 건 불가능하다. 더욱이 나는 까다롭게 굴 여유가 없다. 내 갈색 피부는 그 자체로도 퀴어한데, 하물며 게이들에겐 어떻겠는가.

네가 나타나자 나는 악수를 하려 손을 뻗는다. 너는 엄청나게 매력적이진 않지만, 도톰한 라즈베리빛 입술만큼은 눈길을 사로잡는다. 우리가 섹스를 해야 하는 상황이 온다면 제법 유용할 것 같은 입술이다.

바로 그때 네가 나를 맞이했던 방식을 단 한 순간도 잊어본 적이 없다. "자기야, 잘 좀 먹어야겠다! 몸 좀 키워!"

이십 대 후반에 찍은 사진을 보면, 남자들 때문에 내 체형이 얼마나 커져버렸는지 안타까운 마음이 든다. 나는 너와 만나고 게이문화에 빠져들면서 근육질의 몸을 가져야만 게이들의 욕망의 대상이 될 수 있음을 깨닫는다. 그와 동시에 내 마른 몸이 이성애자 남성들이 나를 게이로 보는 데 얼마간 영향을 미친다는 사실을 알게 된다. 두 가지 경우 모두에서 마른 몸은 여성성을 증폭하는 것으로, 따라서 언제든 없애버려야 할 역겨운 특질로 여겨진다. 체중을 늘리는 건 이런 문제를 한꺼번에 해결할 수 있는 기적의 방책이다. 무엇을 먹는지는 남성성의 핵심이다. 나는 식료품점에서 남자들이 카트에 던져 넣는 음식을 관찰하며 음식을 통해 그들 같은 몸을 만들 수 있기를 기대한다. 그렇게 수년간 수많은 고깃덩어리와 단백질 셰이크로 내 입을 틀어막는다. 나는 부상을 당하면서도 꿋꿋이 중량을 올리고, 남자들의 관심을 갈구하는 동시에 혼자 있고 싶어 한다. 그러면서 충분히 빵빵하지도 뽀얗지도 않다는 이유로 줄곧 내 몸을 질책한다.

게이들이 욕망하고 이성애자 남자들이 인정하는 존재가 되길 바라지 않았다면 내 몸은 어떤 모습이었을까? 내 몸을 보호막이자 장식품으로 만들지 않았더라면 지금쯤 어떤 모습, 어떤 느낌이었을까?

온전히 내 것인 적이 없던 몸을 나는 어떻게 사랑할 수 있을까?

♦

나는 언제나 게이바에 어울리지 않는 사람인 듯한 느낌을 받았다. 그 공간은 근육질에 수염을 기르고 운동복에 야구모자 차림을 한 남자들로 그득해서 때때로 이성애자들이 스포츠 경기를 시청하는 바와 조금도 다르지 않게 느껴진다. 커다란 스크린 속 하키 경기를 게이포르노로 바꾸고 레이디 가가 음악을 크게 튼 채 드랙 퍼포먼스를 곁들였을 뿐이다. 그러나 토론토 같은 대도시에서조차 댄스파티와 댄스바는 퀴어들이 서로 교류하거나 퀴어로서 안전하게 존재할 수 있는 거점이다.

어느 날 밤 유명한 퀴어 댄스파티에 간 친구들과 나는 옹기종기 모여 매끈한 춤 솜씨를 뽐낸다. 비트에 맞춰 몸을 흔들던 나는 일순간 움직임을 멈춘다. 네가 내 엉덩이를 꼬집었기 때문이다. 나는 뒤를 돌아보지만, 자정의 댄스플로어는 인산인해인 탓에 내 몸을 주물럭거린 네가 누구인지 알아낼 수 없다. 나는 다시 음악에 빠져들어 춤을 춘다. 그러자 너는 똑같은 짓을 되풀이하고, 나는 뒤돌아본다. 그렇게 몇 번을.

"누가 자꾸 내 엉덩이를 꼬집어!" 데스티니스 차일드의 노래가 울려 퍼지는 와중에 나는 한 친구에게 소리친다.

그러자 친구는 큰소리로 답한다. "칭찬이네! 누가 널 좋아하나봐!"

나는 그 칭찬을 받아들여보려 애쓴다. **누군가 나를 좋아한다.** 이건 좋은 일이다. 십 년 전쯤 에드먼턴의 게이바에서 있었던 일이 떠오른다. 어떤 귀여운 남자애가 계단 앞에 서 있던 나를 지나치며 슬며시 내 젖꼭지를 꼬집었지. 나는 친구와 함께 이를 대성공의 순간으로 자축하기까지 했다. 하지만 세월이 흘렀고, 그런 행동은 더 이상 그때와 같은 '척도'로 받아들여지지 않는다. 나는 노래 몇 곡이 더 흐를 때까지 파티에 남아 있다가 이윽고 작별 인사를 나눈 뒤 바를 떠난다, 홀로.

낯선 사람(정확히는 자신이 누구인지를 드러내지 않는 낯선 사람)이 내 몸을 만지는 행위가 어째서 추파로 여겨질까? 나는 갈색 피부의 여성적인 바이섹슈얼로서 게이바에서 타인의 시선을 끄는 매력적인 존재가 된 기분을 느끼고 싶었고, 예기치 않은 접촉은 인도계 십 대 호모였던 내가 유일하게 누리고 갈망할 수 있는 일처럼 느껴졌다. 하지만 누군가가 내 몸을 꼬집는 식으로 호기심을 드러내는 한순간이 지나고 나면 나는 금세 보이지 않는 존재로 되돌아가고, 그럴 때면 하잘것없는 인간 이하의 존재가 된 듯한 느낌을 떨칠 수 없었다.

나는 수년간의 경험을 통해 게이바에서 벌어질 일을 빤히 예상하게 됐다. 그런데 이 원치 않는 스킨십에 대해 하소연이라도 하면, 사람들은 내가 섹스에 부정적이고 반퀴어적이며 심지어는 동성애혐오적이라고 단정 지을 때가 많았다. 게이바에서의 스킨십은 일반적으로 크루징의 한 형태이자 이성애주의라는 억압에 맞서는 분투처럼 여겨지기 때문이다.

게이들이 댄스플로어에서 여자들의 가슴을 움켜쥐는 모습을 보는 건 어렵지 않은 일이었다. 그만하라고 요구하자 일부는 이렇게 답했다. "걱정도 팔자다, 얘. 나 게이야. 여자들한테는 관심도 없다고." 그러나 여자에게 관심이 없다는 말은 이따금 성적 취향을 드러내기보다 멸시의 뜻으로 쓰인다. 가슴을 움켜쥠으로써 불안감에 빠뜨려 게이바에서 쫓아내기라도 하려는 걸까? 많은 게이는 내가 과거에 여성과 데이트했다는 사실을 알고 나서 자신이 질을 얼마나 역겹게 느끼는지를 당당히 털어놓기도 했다. 여성의 신체 일부를 움켜쥐는 행위를 이른바 '장난스러운 스킨십' 아니면 혐오(배척까지는 아니라 하더라도)의 표출로 구분하는 경계는 어디에 있을까? 왜 이런 행동은 이성애자 남성들이 자행하는 폭력과 다르게 여겨지거나 너 쉽게 용인되는 걸까?

게이들에 대한 이 같은 묵과는 신체적 차원 너머로까지 거뜬히 확장된다. 나는 새로 알게 된 게이 친구들에게 전화번호가 아니라 이메일 주소를 알려주는 식으로 나름의 적정선을 지키려 했지만 그때마다 젠체한다거나 무례하다는 말을 들었다. 모름지기 퀴어함이란 경계에 얽매이지 않는 자유로움과 연관되어 있으니 말이다. 따라서 모든 경계는 본질적으로 반퀴어적이다. 그러나 아무리 그럴듯한 미명에도 게이들에 대한 내 신중한 태도는 나날이 확고해질 뿐이었다.

♦

서른 번째 생일 이후로 나는 트랜스다움^{transness}을 향한 나만의 길을 부지불식간에 모색하기 시작한다. 내 여성성을 되찾겠노라 서서히 조심스레 마음먹은 것이다. 나는 평소 모 아니면 도의 정신으로 모든 존재가 팔자대로 산다고 믿는 편인데, 여성성에 대한 생각을 바꾸게 된 것도 이 특유의 운명론 때문이라고 생각한다. 나는 한때 단념한 패션에 대한 재능을 되살려 커다란 귀걸이나 호피무늬 레깅스처럼 '여성스러운' 의상과 액세서리를 착용하기 시작한다. 특히 토리 에이머스Tori Amos* 헌정 행사에서 노래하는 오늘 같은 밤에는 화려한 얼룩무늬 스타킹을 신는다.

혼잡한 교차로 한 모퉁이에서 버스를 기다리고 있는 내 앞으로, 정지신호를 받은 차 한 대가 속도를 줄여 멈춘다. 곧이어 조수석 창문이 내려가고, 네가 다 쓴 종이컵을 내게 내던진다. 파란불이 들어오자 너는 이렇게 소리를 내지르고는 속도를 높여 달아난다. "이 변태 트젠 새끼야!"

---

* 미국의 여성 싱어송라이터. 데뷔 초부터 강간 피해, 여성 할례 등 여성주의적 주제의 곡들을 발표했다.

◆

너는 내가 올린 포스팅을 열렬히 리트윗하며 공유한다. 남자들이 친절을 내보일 때와 달리, 나는 네 행동을 곧장 의심하지는 않는다. 음악계에서 너 같은 지위를 가진 사람의 레이더에 내가 포착됐다는 게 놀라울 따름이다. 나는 음반 계약 없이 십여 년의 세월을 보냈기에, 네가 나를 영입하려는 뜻에서 관심을 내보이는 것이길 바란다. 업계 리더이자 트랜스 남성인 네가 표하는 공개적 지지는 나를 진심으로 생각해주는 공동체가 생긴 듯한 기분을 느끼게 한다.

"비백 그 사람, 트랜스인 것 같아?" 너는 우리 둘 다를 아는 음악가 친구에게 물었다. 나는 훗날 그 대화에 대해 알게 됐지만, 네가 무례하거나 선 넘는 질문을 했다고는 생각하지 않는다. 오히려 선의가 담긴 통찰로 느낀다. 내가 여전히 내 안에서 찾아내려 애쓰던 무언가를 네가 꿰뚫어 본 것만 같다.

우리가 온라인에서 주고받는 농담들은 끝내 플러팅으로 귀결되는데, 대개는 네가 던진 추파에 내가 얼굴을 붉히는 식이다. 고백하건대 나는 그런 관심을 즐 긴다. 나는 트랜지션 초기부터 일찌감치 내 여성적인 젠더표현이 증가할수록 남성에 대한 호감도가 감소하 는 뚜렷한 상관관계를 알아차린다. 우리가 다른 도시에 살고 있어서인지 나를 향한 네 관심은 무해한 것처럼 느껴지고, 나아가 외모에 대한 자신감이 가장 바닥을 치는 시기에 놓여 있던 나를 북돋아준다.

듣자 하니 자기가 완전 탑top*이라던데. 하루는 한밤중 에 네게서 디엠이 온다.

이럴 수가. 나는 네 질문에 함축된 보기 드문 대담함 과 업신여김에 화들짝 놀란다. 그러고는 대체 누가, 어 떤 맥락에서 이토록 구체적인 사적 정보를 네게 이야기

---

* 성교 시 삽입하는 역할을 선호하는 사람을 일컫는 게이문화 의 은어. 관계에서 보다 남성성이 강한 쪽을 의미하기도 하 며 레즈비언 등 여타 성소수자들 사이에서도 통용된다. 최 근 북미에서는 역할의 고정성보다 행위의 유동성에 주목해 topping과 같이 쓰는 경우도 늘고 있다.

했을지 헤아려본다.

들리는 얘기가 다 있어. 그렇다고 내가 캐물었단 건 아냐. 듣자 하니, 연애할 때는 마미mommy라면서?

대디daddy지, 실제로는. 그러는 님은 여자친구랑 오픈 릴레이션십을 추구하시나봐요? 나는 네 연애관계에 대해 물으며 대화의 주도권을 가져오고 네 질문에 담긴 조롱을 무시해보려 한다.

아, 걔 기분에 따라서? 모르겠네.

그게 무슨 말이야?

그냥 걔 하고 싶은 대로, 그날그날 달라. 난 그냥 단순한 남자야. 내 자지에 오럴섹스를 해줄 사람을 찾을 뿐이니까. 비벡, 내가 자지로 어떻게 느끼는지 궁금하지 않아?

아주 상남자 납셨네. 네 자지가 나랑 무슨 상관이야?

말해봐, 너는 탑으로서 어떤 스타일인데? 돔* 노릇 해줄 진짜 남자를 찾고 있는 건 아니고? ;)

이쯤에서 나는 기나긴, 이제는 읽기에도 민망한 설명을 곁들여가며 내 성적 선호를 초조한 마음으로 해명하기 시작한다. 나는 한 번씩 질문의 방향을 네게 돌림으로써 대화의 흐름을 바꿔보려 애쓰지만 너는 어떻게든 다시 초점을 내 쪽으로 되돌려놓는다. 나는 끝끝내 굴복하고 만다.

그래, 이 채팅에서는 네가 탑인 것 같네. 이제 성에 차?

나는 불쾌한 마음으로 잠자리에 든다. 여태껏 아무도 이렇게까지 내 비밀을 샅샅이 들추지는 않았다. 왜 진작 모니터 앞을 떠나지 않았을까. 후회는 시간이 지날수록 배신감과 한심함이라는 익숙한 기분으로 변해

---

* '지배'를 뜻하는 domination의 줄임말로, BDSM 행위 및 관계에서 지배하는 역할을 의미한다.

간다. 어쩜 이렇게 바보 같을까. 내 음악에 대한 진지한 관심으로 나를 지지하는 거라고 믿었다니. 단지 트랜스라는 이유만으로 다른 남자들과는 다를 거라고 생각했다니. 네가 트랜스라 한들 너는 네 여자친구를 업신여기는 말을 함부로 내뱉고 내 성적 욕망을 나보다 더 잘 안다는 듯 함부로 입에 올리기를 멈추지 않았다. 네가 트랜스라 한들 너는 예술계와 트랜스공동체 내에서 지닌 권력을 이용해 불쾌감을 줄 게 빤한 대화를 강요하기를 서슴지 않았다.

메시지를 주고받은 지 얼마 지나지 않아, 너는 내음악에 대한 공개적 지지를 멈춘다. 어쩌면 네가 결코 내 탑이 될 수 없음을 깨달았는지도 모르겠다. 혹은 내가 너와 거리를 둔다는 걸 눈치챘는지도.

◆

어느 6월, 친구들과 나는 해마다 열리는 트랜스 행진Trans March에 참여한다. 작년에도 참여했지만 올해는 더욱 의미가 크다. 다섯 달 전 트랜스로 커밍아웃한 데다 행진의 선발대grand marshal로도 임명되었기 때문이다.

나는 입술과 빈디 색깔을 맞추고 은은한 복숭앗빛 드레스를 입은 채 토론토의 가장 혼잡한 거리를 만 명 이상의 트랜스젠더, 젠더 비순응자, 앨라이 들과 함께 행진한다. 그리고 내 몸에 대한 예외적이고도 중대한 변화를 체감한다. 그 짧은 삼십 분 동안 나는 두려움에서 해방된다. 남자들도 신경 쓰지 않게 된다.

행렬이 흩어질 즈음까지도 들뜬 기분은 좀처럼 가라앉지 않았다. 바로 그때, 횡단보도를 건너오던 네가 나와 부딪친다. 너는 지나쳐 걸어가다가, 이내 돌아서서는 내 앞으로 걸어온다.

"뭐야, 내 몸에 왜 손대?" 너는 내 면전에 대고 고함을 내지른다.

"그런 적 없어요." 나는 당혹감을 억누르며 나지막이 답한다.

"씨발 네가 만졌잖아!" 너는 얼굴을 들이밀며 나를 몰아세우고는 더더욱 목소리를 높인다. 나는 너를 모르지만, 증오의 음성만은 익숙하다.

"그쪽이 저한테 와서 부딪친 거잖아요."

"씨발 나 만지지 말라고!"

프라이드 축제가 한창인 곳에서 나는 퀴어들에게
둘러싸여 있다. 이들은 네가 자행한 언어폭력을 목격하
고 나를 비호한다. 그러나 프라이드 축제가 아니었더라
면, 그래서 그 자리에 다른 퀴어들이 없었더라면 어떤
일이 벌어졌을까?

불과 일 분이 채 되지 않는 다툼이었지만, 너는 순
식간에 나를 학습된 공포에 빠뜨린다. 이런 두려움의
감정이야말로 내가 마땅히 있어야 할 자리처럼 느껴진
다. 트랜스들에게는 경계심을 풀고 숨을 돌리는 호사가
허락되지 않는다. 트랜스들은 '세계 최대 규모의 트랜스
행진'으로부터 불과 몇 발자국 떨어진 곳에서조차 횡단
보도에서 마주친 생면부지의 타인을 함부로 만지는 변
태로 취급당한다.

◆

너를 만난 건 트랜스로 커밍아웃하기 오 년 전이었다.
절친한 레즈비언 친구들이 프라이드 축제에서 공연하

는 나를 보러 온 날, 너는 내 친구들을 따라 나왔다. 턱수염을 기르고 체크무늬 셔츠를 입은 모습에 나는 네가 이성애자일 것이라 짐작한다. 공연 내내 멀찍이서 팔짱을 끼고 서 있는 네가 거슬리기도 했다. 지금 어디에 와 있는지 알고는 있는 거야? 프라이드 축제가 뭔지는 아니? 그런데 그날 밤 늦은 시각, 네가 내 트위터를 팔로잉했다는 알람이 뜬다. 나나 내 작업에 흥미를 보이는 이성애자 남자들을 볼 때면 으레 그런 것처럼 나는 당혹감을 느낀다.

그 후 여섯 달 동안 이따금 내 트윗에 반응을 보이는 너를 보고도 매달 열리는 퀴어파티에서 너를 마주치기 전까지는 네가 이성애자가 아니라는 사실을 깨닫지 못했다. 그제야 나는 우리가 우정을 나눌 수도 있겠다고 생각을 바꾼다.

나는 남자들을 두려워하면서도 이따금 남자인 친구들이 있기를 바랐다. 이는 남자들의 친절을 바라는 내 오랜 욕망의 징후이기도 하다. 허세 없는 뒷머리 사진을 트위터 프로필로 걸어둔 모습, 댄스음악에 대한 비슷한 취향, 나를 반겨주는 수줍은 매너까지 네게는 사랑스러운 면이 있다. 나는 너를 맞팔한 뒤 또 다른 파티에서 마주치기를 고대하기 시작한다. 네 전공이 영화학인 걸 알고 나서는 어떤 영화를 만들고 애지중지했을지를 머릿속에 그려본다. 내가 앨버타주 출신임을 알게 된 너는 로키산맥을 보고 싶어 했던 어린 시절의 꿈을 들려준다.

그렇게 프라이드 축제에서 너를 처음 본 그날로부터 여섯 달 뒤, 나는 댄스플로어에서 네게 고백한다.

"내 친구가 돼줄래? 우리가 재밌으면서도 복잡하지 않은 관계가 되었으면 해."

나는 여덟 달째 싱글이었고, 게이들과의 경험은 마지막으로 싱글이었던 이십 대 때와 그리 달라진 게 없었다. 남자에게 플러팅을 하거나 자그마한 칭찬을 하는 행동은(이를테면 페이스북에 올린 사진에 '예쁘다'는 댓글을 달 때조차) 언제나 섹스에 대한 기대가 담겨 있는 것으로 해석됐다. 그럴 때마다 늘 당황스러웠다. 특히 이 시기에는 마음이 유난히 더 답답했는데, 적어도 일 년간은 데이트나 캐주얼한 섹스를 할 생각이 없었기 때문이다. 이런 내 태도를 마주하는 남자들은 매번 설명을 요구했다. 한 남자는 내 싱글 생활이 얼마나 남았는지, 자게 될 날이 언제인지를 헤아리기 위해 별도의 달력을 만들기까지 했다. 내가 섹스할 마음이 없다는 게 마침내 명백해지면, 남자들은 나를 겁쟁이 취급했다. 그들은 내가 애매한 말로 자신을 욕구불만에 빠뜨렸다며 나를 비난했다. 성적 관계를 벗어나면 나라는 사람을 알아가려는 일말의 관심조차 거두어버렸다. 이런 일이 있을 때면 나는 늘 나 자신을(공통분모는 나뿐이었으니까), 더 분명한 태도를 취하지 않은 스스로를 책망했다.

너와의 관계는 새 출발을 위한 기회다. 플러팅은 없을 것이다. 플러팅은 우정의 가능성을 무너뜨릴 뿐이다. 어차피 플러팅은 내게도 이로울 게 없다. 나는 네게 끌리는 감정을 느끼지 않기 때문에 경계선을 지키는 일이 그리 어렵지 않다. 무엇보다 너는 셔츠 안에 티셔츠를 받쳐 입는 남자니까. 그래도 나는 네가 나를 어떻게 생각하는지 도통 알 수 없고, 네가 내 제안에 어떻게 반응할지도 감을 잡을 수가 없다.

"당연하지." 너는 뜸 들이지 않고 답한다.

그날 밤 나와 내 친구는 점점 더 취해가고, 너는 우

리가 수분을 유지할 수 있도록 번번이 물을 가져다준다. 바에서 마지막 주문시간을 알리는 조명이 켜지고 우리가 출구로 향할 때, 너는 배낭에서 알루미늄포일에 싸인 생강쿠키를 꺼낸다.

"좀 먹을래?"

아니, 쿠키는 또 어디서 난 거야? 술 약속이 있을 때마다 뭘 구워서 챙겨 오기라도 하는 거야?

다음 달이 되자 우리는 연락과 만남을 수시로 이어가며 우정을 쌓는다. 십 대 시절, 여행, 음악 취향에 관한 이야기로 문자가 쉴 새 없이 이어진다. 너는 내가 쏟아내는 수많은 질문을(남자를 만나는 건 마치 외계인과 대면하는 일처럼 느껴지니까) 한참 동안 가만히 듣다가 마침내 이렇게 말한다. "혹시 오프라 윈프리세요?" 시대극을 향한 공통된 애정을 확인한 뒤로는 일주일에 한 번씩 저녁을 함께 보내며 〈튜더스 The Tudors〉*를 시청한다. 네가 직접 만든 오레오 치즈케이크를 나눠 먹으면서.

너는 우리가 처음 만났을 때부터 나를 짝사랑했다

---

* 영국 튜더 왕조 헨리 8세의 일대기를 다룬 역사 드라마.

고 고백한다. 그러나 너는 친구로 지내자는 내 제안에
도 마침 새로운 친구를 찾고 있었다며 선뜻 태도를 바
꿔주었다. 우리의 친밀감이 커져가도 너는 결코 선을
넘는 법이 없다. 너는 내게 은근히 어필하지도, 너에 대
한 나의 감정이 달라지기를 기약 없이 기다리지도 않
는다. 너와의 우정은 어른이 된 내 삶에 최초라는 의미
로 새겨진다. 내가 원하는 대로 의견을 낼 수 있을 뿐만
아니라 환대받을 수도 있다고 느끼게 해준 남자는 네가
처음이니까.

◆

어쩌면 그 흔치 않은 위안의 감정이야말로 내 마음이
열린 요인이었을 것이다(혹은 네 베이킹 실력 때문일지
도). 이로써 나는 서서히 너를 달리 보고 달리 느끼게 된
다. 남자들과 함께한 과거의 경험들은 이따금 내 경계
선이 묵살됨으로써 더더욱 경계를 강화하는 결과를 낳
았지만, 나를 진정으로 존중하는 네 모습에 경계심이
사르르 풀린다. 우리는 관계를 이어가며 이 주제에 대

한 대화를 계속해나간다.

나는 책을 향한 네 열정에 매료된다. 비단 내가 신인 작가이기 때문만은 아니다. 너는 내 첫 책을 읽으며 편집상의 실수를 재빨리 발견해내는 사람이다. 나는 네 차분한 태도에, 대화의 공백을 채우려는 남성적 의무감의 부재에, 네 눈동자에 담긴 무궁무진한 호기심에 위로를 받는다. 네가 가진 가장 화려한 액세서리인 커다란 털방울이 달린 비니와 호두색 가죽부츠에 달린 샛노란 신발끈조차 요란하기보다 유쾌하게 느껴진다. 내가 늘 불만투성이인 것과 달리 너는 더프린 몰Dufferin Mall,* 냉장고 속 차디찬 초콜릿바, 계획 없는 토요일처럼 사람들이 대수롭지 않게 여기는 것에서도 곧잘 즐거움을 찾아낸다.

우리가 우정을 나눈 지 두 달쯤 됐을 무렵, 나는 네게 친밀감 이상의 감정을 품기 시작했다고 떨리는 마음으로 고백한다. 이런 감정을 홀로 간직해야 하는 건 아닐지 일주일 내내 고민하고 또 고민했다. 친밀감 이상

---

* 캐나다 토론토에 위치한 대형 쇼핑몰.

의 감정이 화두가 돼버리면 이 관계는 어떤 식으로든 변하게 될 테니까. 어쩌면 영영 끝장나버릴지도 모를 일이지.

우리가 함께 나눠온 것들을 망치고 싶지 않아. 두 편의 영화를 보는 사이, 나는 영화관 화장실에 앉아 네게 문자를 보낸다. 연달아 영화 두 편을 보러 가는 일은 우리만의 특별한 의식이 돼 있었다.

나도 같은 마음이야. 네가 다른 화장실에서 답장을 보낸다.

난 아직 마지막 연애에 대한 애도 속에 있는 것 같아. 마음의 준비가 됐는지 잘 모르겠어. 너는 내가 십 년간의 연애 끝에 시미나와 헤어진 지 일 년이 채 안 됐다는 사실을 잘 알고 있다. 너는 내가 만난 다른 남자들과 달리 여자와 사귄 게 정당한 일인지를 결코 따져 묻지 않는다. 내가 벽장이라거나, 시미나와의 연애가 한때의 일시적 단계에 불과했다는 식으로 말하지도 않는다.

우리는 이 새로운 감정을 탐색하는 일의 장단점에 관해 한 시간에 걸쳐 문자를 주고받는다. 그러다 네가 한 가지 제안을 한다. 우리 손이라도 잡아보면 어떨까?

너는 내향적인 성격이면서도 적절한 말을 제때 하는 재능이 있다. 손을 잡아보자는 너의 꾸밈없이 상냥한 제안은 왠지 별일 아닌 것처럼 느껴진다. 부담스러워할 만한 일은 없다. 두 사람이 손을 잡는 것뿐이다. 그렇게 우리는 두 번째 영화를 보며 마침내 손을 맞잡는다. 손바닥이 촉촉해진 채로, 나란히 무릎을 맞댄 채로.

그렇게 너를 만나기 시작한 첫해, 지난 연애에서 완전히 벗어나지 못했던 나는 네 입장에서 보자면 데이트 아닌 데이트를 일삼는 악몽 같은 존재였다. 나는 네게 몇 번씩이나 이별을 고했고, 그때마다 너는 이렇게 물었다. "그래도 계속 친구로 지내는 거지?" 여태껏 섹스보다 우정을 소중히 여긴 남자는 아무도 없었기에, 우리 관계를 애지중지하는 모습을 보이는 네게 나는 늘 돌아가지 않을 수 없을 것만 같은 기분이 돼버린다.

내 몸을 편안히 느끼지 못하는 내게 캐주얼한 섹스

가 선택지가 되는 경우는 거의 없다. 로맨틱한 관계에서조차 긴장을 푼 채 타인 옆에 옷을 벗고 눕기까지는 수개월이 걸린다. 지금까지 만난 남자들은 그걸 기다리지 못했다. 그러므로 나는 우리의 친밀감이 더디게 형성되는 동안 네가 언제 흥미를 잃어버릴지 기다리고 또 기다린다. 내 피부와 대비되는, 창백할 정도로 하얀 네 피부에 내 신경은 더욱 곤두선다. 나를 학대했던 이들과 똑같은 피부색을 가진 너와의 이 특수한 관계에서는 맨몸을 드러내기까지의 과정이 오래도록 지체된다. 지난 십 년간 나는 황갈빛 몸을 가진 시미나 옆에 누워 애정과 자기발견의 시간을 보내왔기에 마음이 더더욱 심란하다. 어느 날 밤 우리는 소파에 웅크린 채 누워 있다. 너는 상의를 벗고 있고, 나는 옷을 입고 있다. 나조차도 이런 내가 답답할 따름이다.

"내가 이러는 거 아직도 안 질려?"

"무슨 그런 말을 해?" 네가 묻는다.

"솔직하게 말해봐. 다시 그라인더_{Grindr}* 깔고 평범한

---

*   게이와 바이섹슈얼 남성을 위한 데이팅 앱.

남자애 만나는 게 낫지 않아?"

"뭐, 그런 건 이미 다 해봤는걸. 난 우리가 해나가는 것들이 좋아. 우리만의 시간을 가진다는 게 좋거든. 설레고 새롭게 느껴져."

◆

네게 사랑한다는 말을 하기까지는 무려 아홉 달이 걸렸다. 이토록 오랜 시간이 필요했던 이유는 시미나가 아닌 사람에게 사랑한다고 말하는 게(보고 싶다거나 원한다는 말도 마찬가지다) 시미나와 함께한 시간에 대한 배신이자 시미나에 대한 배반처럼 느껴졌기 때문이다. 여태까지 그런 말들은 모두 시미나의 몫이었으니까. 친구들은 내가 너를 갖고 논다며 나를 책망한다. 특히 여섯 달 만에 네가 사랑한다고 고백했다는 이야기를 듣고는 나를 더더욱 꾸짖는다. 나는 너와 한 침대에서 하룻밤을 보내는 일을 더는 피하지 않기로 마음먹는다. 그렇게나 오랫동안 미뤄온 일에 맞서보기로 한 것이다.

"내가 아직도 그 말을 안 해서 섭섭하지 않아?" 내

품에 머리를 기대고 누운 네게 묻는다.

"그 말?" 너는 얼굴을 돌려 나를 바라본다.

"그거 있잖아. 좀 특별한 세 글자."

너는 벌떡 몸을 일으킨다. "이런, 내가 사랑한다고 말했던 건 똑같은 말을 받아내려고 그런 게 아니야."

"정말?"

"물론이지. 사랑한다는 말이 흔히 관계의 종착지처럼 받아들여지는 것도 영 마음에 걸려. 하지만 내 마음이 정말로 널 사랑하기 때문에, 그걸 꼭 알려주고 싶어서 말했던 거야."

♦

타인과 사랑에 빠지는 일은 공포를 유발한다. '사랑에 빠지다fall'라는 표현에서 엿볼 수 있듯 낭만적 사랑에는 언제나 일종의 낙하fall가 우선한다. 다른 사람과 연결되는 과정은 필연적으로 자기 자신을 고통이나 통제 불능에 빠뜨릴 가능성을 수반한다. 지금껏 나는 상처받을지 모른다는 위험에도 늘 기꺼이 사랑에 뛰어들었다. 내가 기존에 알고 있거나 느껴왔던 모습과 다를 때에도 마찬가지였다. 친구들이 내 선택을 못마땅하게 여길 때조차 나는 마음 가는 대로 사랑을 향해 달려들었다.

(그냥 남자도 아니고 무려 백인 남자인) 너와 사랑에 빠지는 건 내가 지금까지 겪어온 일들 중에서도 가장 겁나는 일이다. 나는 수개월간 내 몸뿐 아니라 그 이상의 것들을 살핀다. 너를 위해 내가 소화할 수 있는 가장 남자다운 자아를 연기한다. 계속해서 낮은 목소리를 내고, 네게 알리고 싶지 않은 비밀을 발설하지 않기 위해 말조심을 한다. 나는 내 모든 결함과 오점을 속속들이 간파당하는 그런 사랑은 원치 않는다. 나는 네게 완벽함으로 가장한 모습만을 내보일 것이다. 우리 사랑의 완벽한 초상을 너는 경애해 마지않겠지. 하지만 그것이 너만을 위한 건 아니다. 나 또한 그 완벽한 사랑의 초상을 통해 이상화된 자아상을 지켜낼 수 있다.

그러나 이건 사랑이 아니다. 이 흠잡을 데 없는 이상은 내 바람과 달리 그리 오래 지속되지 않는다. 한심하게도 내게는 나 자신을 끝까지 검열할 만한 재간이 없다. 그렇게 나에 대한 가장 추한 진실을 네게 털어놓은 밤, 나는 한계에 다다른 채 네 품에 안겨 오열한다. 내가 기어코 나를 무너뜨리고fall 만 것이다.

그로부터 사 년 뒤 너는 외도 사실을 고백했고, 나는 충격으로 하마터면 바닥에 고꾸라질 뻔했다. 그때쯤 우리는 이미 집을 공유하며 매일같이 사랑한다고 말하는 연인이 돼 있었다. 나는 난생처음 내 손으로 목숨을 끊지 않는 미래를 상상했다. 더 많은 도시를 함께 여행하며 네가 수집하는 지도가 하나둘 늘어나는 모습을 볼 수 있기를 바랐고, 네 가슴팍에 난 털들이 서서히 하얗게 세어가는 모습도 지켜보고 싶었다.

네가 저지른 행동을 내 친구 누구에게도 발설하지 않는 것, 그것이 내 최초의 본능적 반응이었다. 너는 우리 모두에게 희망과도 같은 남자이자 우리가 애착을 느낀 예외적 존재이니까. 나는 사람들이 너를 깔보지 않기를 바라고, 실망하지 않기를 바란다. 같은 해 나는 트랜스로 커밍아웃하는 과정에서 숱한 성장통을 겪었다. 하지만 바람피운 남자를 끝내 두둔함으로써 나도 결국 만고불변의 통과의례에 접어들고 말았다는 기분을 떨쳐내지 못한다(이 상황에 어울리는 사운드트랙은 비욘세의 《레모네이드Lemonade》*일 것이다).

　네가 털어놓은 진실을 거듭 실감하게 되면서 나는 더 비참한 고뇌에 시달린다. 어쩌면 내가 친구들에게 기대고 싶지 않은 건 작금의 사태가 **나** 역시도 예외적 존재가 아니었음을 증명하기 때문이 아닐까. 친구들은 처음부터 이렇게 경고했다. "트랜지션을 극복하는 커플은 거의 없어. 결국은 닉도 남자를 원하는 거잖아?" 나는 애써 그런 경고를 무시하려고 했다. 우리는 다를 거라고 어떻게든 스스로를 설득하면서. 그러면서도 다른 사람들이 했던 말들을 네게 들려주기도 했다. 혹은 내가 더는 욕망의 대상이 되지 못할 것만 같은 기분을 털어놓은 적도 있었다. 이제 나는 더 이상 네가 사랑에 빠졌던 수염 난 근육질의 남자가 아니니까. 그럴 때면 너는 이런 말로 나를 안심시켰다. "자기는 내가 살면서 만난 가장 아름다운 사람이야." 그랬던 네가 어떻게, 내가

＊　2016년에 공개된 비욘세의 정규 6집. 남편 제이지의 외도설이 불거진 뒤 발표됐으며 수록곡 곳곳에 남편의 외도가 암시돼 있다.

인생 최대의 자기혐오에 빠져 있다는 걸 빤히 알면서도 이토록 아픈 상처를 줄 수 있었을까?

"결국 당신도 별반 다르지 않아." 나는 네가 실토하는 말을 듣곤 이렇게 답한다. 우리가 함께 앉던 좁은 소파에 차마 나란히 앉을 수 없어 팔걸이에 겨우 걸터앉은 채로. "다른 남자들이랑 똑같아. 당신도 나를 그저 멍청한 년으로 만들었어."

내가 남자들을 두려워하는 건 한 남자와의 이례적인 만남 때문이 아니다. 앞서 이야기했듯 나는 일상에서 매일같이 손상을 경험한다. 미처 말하지 못한 경험들도 존재하고, 앞으로 직면할 경험들도 엄연히 남아 있다. 내가 남자들을 두려워하는 건 이 같은 경험들로 인해 누적된 손상 때문이다.

　내가 겪은 일들은 전혀 예외적이지 않다. 나는 내이야기가 얼마나 흔해빠진 것일지 두렵다. 수많은 사람이 이보다 더 잔인한 남자들의 폭력을 견뎌왔다. 나는 또한 이 이야기들이 유발할 가장 보편적인 반응이 연민일까 두렵다. 그러나 그보다 더 두려운 건 사람들의 관심을 자아내고 변화를 일으키려면 연민을 유도해야 할 수도 있다는 사실이다.

나는 십 년간 토론토의 한 대학교에서 [교직원을 대상으로] 반동성애혐오 및 반트랜스혐오 워크숍을 여러 차례 진행했다. 워크숍 참석은 의무가 아니었기 때문에 참석자들은 대개 진보적이면서도 선의를 가진 이들이었다. 그들은 대체로 '내가 미처 모르는 걸 가르쳐줄 수 있나요?' 또는 '저는 좋은 사람이랍니다'라고 말하는 듯한 태도로 앉아 있었다. 하지만 내가 성중립 화장실의 필요성을 화두에 올리자, 많은 이가 자신의 안전이 염려된다며 마음속에 있던 편견을 드러냈다. 내 일은 워크숍을 원활히 진행하는 것이니 사람들이 편안한 마음으로 워크숍에 참여할 수 있게끔 그들이 염려하는 바를 끈기 있게 경청해야 했고, 그들이 이전에는 생각해보지 못한 새로운 관점을 섬세하고 차분하게 알려줘야 했다. 이런 책무로 인해 나는 이따금 동성애혐오 발언과 트랜스혐오 발언(이를테면 "그냥 남녀로 구분된 화장실을 쓰면 안 되나요?" 같은 말)을 제지할 수 없었다. 문제의 발언은 평소 동료로서 존중하고 편안하게 생각했던 교직원과 교수들의 입에서 나왔다.

하지만 실제 학생과 교직원들이 화장실에서 어떤 괴롭힘을 당하는지 설명하고 나면 분위기는 극적으로 뒤바뀐다. 어떤 이들은 젠더표현 때문에 화장실을 안전하게 사용할 수 없다는 데 극심한 심리적 압박을 느껴 평상시에도 섭식 및 불안 장애에 시달린다고 일러주면, 사람들은 분노와 연민에 휩싸여 그 뒤의 이야기를 훨씬 더 잘 받아들인다. 자신의 특권을 인식하며 어떻게 하면 더 좋은 앨라이ally*가 될 수 있을지 고민하는 것이다.

이 같은 태도 변화에 나는 늘 심란해진다. 사람들의 관심을 이끌어내고 그들이 스스로의 내적 편견을 인식하게끔 하는(나아가 편견을 버리도록 하는) 유일한 방법은 결국 누군가의 고통을 선정적으로 이야기하는 것뿐일까? 나의 인간성은 어째서 내가 어떻게 희생되고 침해당했는지를 고백할 때만 가시화되고 관심을 받는 걸까?

---

* 자신을 성소수자로 정체화하지는 않지만 성소수자공동체를 적극적으로 지지하는 사람.

◆

지금껏 수많은 부정적 경험을 했음에도 나는 여전히 '좋은 남자good man'라는 관념에 강하게 붙들려 있다. 데이트든 연애든 내가 겪은 만남과 관계를 관통하는 건 내가 '좋은' 남자에게 반했다는 확신이었다. 다시 말해 '다른 남자들과는 다른' 남자라는 것. 하지만 이런 희망에 매달릴수록 나는 내가 반한 남자가 '좋은 남자'가 아님을 알게 될 때마다 절망에 빠졌다. 그들이 과거에 만난 다른 남자들과는 다르게 '착하다good'거나 더 나을 것이라 기대하지 않았더라면, 그들과의 관계는 어떻게 달라졌을까?

'착해야' 한다는 압력이 한 젠더에만 가해지는 건 아니지만, 그렇다고 모든 젠더가 동일한 압박을 받는 것도 아니다. 분명히 말하지만 '착해야' 한다는 압력은 남자들보다 여자들이 압도적으로 많이 받는다. 이런 차이는 여자가 '잘못'을 저질렀을 때 그의 선량함을 이유로 안타까워하는 사람을 찾아보기 힘들다는 데서도 잘 드러난다. "알고 보면 착한 애야." 사람들은 잘못을 저지른 여자에 대해 그렇게 말하지 않는다. '나쁘게' 행동하는 여자들은 결코 남자들처럼 선해善解받지 못한 채 곧장 '쌍년'이나 '걸레'가 돼 쫓겨난다. 남자들은 종종 '개' 취급을 받지만 그들의 분별없는 행동은 쉽게 간과될뿐더러 설령 간과되지 않더라도 용서를 받고, 심지어는 칭송되기까지 한다. 나쁜 남자에 병적으로 집착하는 문화적 고정관념이 보여주는 것처럼 말이다.

지난날을 돌이켜보면, 닉에게 당신도 별반 다를 것 없는 남자라고 말했던 게 후회스럽다. 그와 사귀던 내내 그에게 좋은 남자라고 말한 것도 후회가 된다. 그가 좋은 남자가 아니어서가 아니라 좋다는 것의 기준 자체가 원체 모호하기 짝이 없기 때문이다. 종교적 가르침과 도덕성으로만 평가할 수 있는 무언가를 욕망할수록 우리에겐 낙담만이, 모든 젠더의 실패만이 예정돼 있을 뿐이다.

남성성을 다시 상상하려면 '좋은 남자'라는 예외적 존재에 대한 추구를 멈춰야 한다. 좋은 남자는 허구다. 좋은 남자에 대한 열망을 멈추고, 우리가 남자에게 무엇을 기대하는지를 더 명확히 규명해보는 게 어떨까?

예를 들어 소통 능력을 중요한 가치로 여긴다면? 내 경우, 닉의 외도에서 가장 상처가 된 건 외도라는 행동 자체가 아니었다. 나를 괴롭힌 건 그가 사실대로 고백하기까지 한 달이 걸렸다는 점, 그러니 어쩌면 그가 나를 영영 속이는 쪽을 선택할 수도 있었다는 사실이었다.

하지만 이제 나는 닉(그리고 다른 남자들)과의 연애에서 소통을 위해 기울였던 그 모든 노력에 '감정노동'이라는 이름을 붙일 수 있을 만큼 단단해졌다. 한때는 인식하지도 명명하지도 못하던 노동을 인식할 수 있게 됐다는 건 중요한 변화였다. 처음에는 닉이라는 존재를 그냥 지워버리고 싶었지만, 그해 닉이 얼마나 자주 내곁을 지키며 나를 붙들어줬는지를 떠올렸다.

내가 공개적으로 커밍아웃을 했을 때, 닉은 우리가 처음 만났던 시절처럼 내 불안감을 가라앉히기 위해 그 주 내내 매일 다른 빵을(마카로니 머핀에서 로키로드 브라우니까지) 만들어줬다. 그는 '그녀she/her'로 바뀐 내 대명사를 한 번도 혼동하지 않은 극소수의 사람 가운데 한 명이었다. 공연 전에는 그날의 드레스와 립스틱(나는 닉에게 러시안 레드와 디바, 모렌지morange 등 내가 가장 좋아하는 색조의 이름을 가르쳐줬다), 신발과 액세서리를 고르는 일을 도와줬다. 공연장에서는 나만큼 열심히 일했다. 프로젝터를 설치하고 정리할 뿐만 아니라 굿즈를 팔기도 했고, 내가 면도기나 디오더런트를 깜빡했을 때는 호텔까지 달려갔다 오기도 했다. 인스타그램에 올릴 사진을 찍어주는 일도 그의 몫이었다. 내가 자살충동에 시달릴 때는 이 주 동안 내 소셜미디어 계정을 대신 운영하며 내가 이메일로 보낸 내용을 트윗하거나 게시해줬고 긴급한 메시지만을 내게 전달해주기도 했다. 귀걸이 뒷마개나 체크카드를 잃어버리기라도 하면 온갖 모퉁이와 호주머니를 뒤져 기어코 찾아내는 것도 그였다. 우리가 함께 산 삼 년 동안 닉은 혼자만의 힘으로 살림을 건사했다. 그는 설거지, 시트 교체, 침구 정리, 청소, 빨래까지 척척 해냈고, 그러면서도 내게는 언제나 입맞춤과 칭찬 세례를 퍼부었다.

닉과 우리 관계의 면면이 담긴 이 커다란 초상을 어떤 방식으로 기억해야 할까. 나는 나름의 선택을 내릴 수 있었다. 한쪽에는 내가 한때 닉이라고 생각했던 이상화된 남자의 상실을 하염없이 슬퍼하는 길이 있다.

이 길을 택한다면 나 자신을 무력한 존재이자 화를 자초한 사람으로 만들 수 있다. 혼자서 빚어낸 상상 속에서 희생양을 자처하는 것이다. 다른 한쪽에는 닉을 본연의 모습 그대로, 즉 의지할 수 있고 헌신적인 사람이지만 잘못을 저지를 수 있는 존재로도 바라보는 길이 있다.

전방위적으로 적용되는 동시에 강렬한 희망사항을 담고 있는 '좋음'이라는 자격요건에 매달리기보다 한 사람의 구체적 특징을 세세히 분석하고 명명하는 편이 한결 유용하다. 이런 관점을 받아들이면 첫째, 누군가에게 한 가지 모순적 측면이 있다는 이유로 나머지 특징 일체를 부정하지 않아도 된다. '나쁜' 행동을 했다고 해서 '좋은' 면까지 내칠 필요는 없는 것이다. 둘째, '좋은 남자'에 대한 바람을 단념하는 건 초인적 면모의 강요를 그만두는 것이기도 하다. 이로 인해 닉의 인간성은 되살아나는 것 같았다. 마지막으로 그것은 나의 주체성 회복으로도 이어졌다. 어떤 '실수'는 용서할 수 있지만, 그렇지 않을 수도 있다. 용서할지 말지, 결정하고 행동하는 건 내 몫이었다.

◆

남자였을 적에는 좋은 남자가 돼야 한다는 강박에 사로잡혀 있었다. 그리고 나 역시 좋은 남자가 되는 데 실패했다. 남성성의 문제가 아니라 좋음을 달성하고 지켜나가는 데 실패했기 때문이다.

시미나의 할머니가 돌아가셨을 때, 나는 시미나의 여자친척 여럿과 함께 부엌에 있었다. 부엌에서는 죽음을 숙고하거나 비탄에 잠길 여유가 없었다. 초대형 여과기에 차를 끓이고, 스테인리스 냄비를 설거지하고, 문상객들이 가져온 많은 양의 음식을 정리하고, 남은 쇠고기 필래프를 손님들이 집에 가져갈 수 있도록 타파웨어Tupperware* 용기에 나눠 담고 있으면 잠시나마 죽음이 촉발하는 총체적 무력감이 누그러졌다. 이런 전략은 익숙한 것이었다. 내가 속한 종교공동체에서는 죽음을 맞이하면 이렇게 대처하라고 가르쳤기 때문이다.

그때(그리고 내 경험으로는 그 이전에도) 남자들은

---

* 식품용 플라스틱 용기로 유명한 미국의 브랜드.

결코 부엌에 들어오는 법이 없었다. 여자들과 나는 전혀 먹지도 못한 채 식사와 후식, 차이(chai),* 심지어 리필용 차이까지 끊임없이 내놓았다. 그동안 남자들은 거실에 모여 실없는 수다를 왁자지껄 늘어놓았다. 그들은 우리가 정성껏 준비한 음식을 만족스럽다는 듯 먹어치웠지만, 내가 여자들 편에 있다는 데 당황한 눈치였다.

"여기 와서 좀 앉지 그래!" 시미나의 삼촌 중 한 분이 별일 아니라는 듯 권유했다.

"주방은 여자들한테 맡겨두라고." 또 다른 삼촌이 거들었다.

내 노동이 자신들의 게으름을 부각하고 있으니 남자들은 저마다 나를 소파에 앉히려 안달을 냈다. 이 남자들 사이에 섞여야 한다는 생각에 스트레스가 밀려왔다. 내 머릿속에는 대화의 물꼬를 트기 위한 아이스하키팀의 각종 기록이나 최신 자동차 모델에 대한 정보가 전혀 보관돼 있지 않았다. 정말이지 아무 말도 하고 싶지 않았다. 나는 내 몸이 줄곧 침묵에 머무른 채 잠깐이

---

* 홍차, 우유, 향신료를 넣고 끓이는 인도의 전통차.

84

나마 환상에 젖어 있기를 바랐다. 모종의 타성으로 인해 내가 죽음에 대해, 더 나쁜 경우 시미나의 슬픔에 대해 곱씹게 될까봐 두려웠기 때문이다. 부엌에서 일하는 것만이 내가 시미나를 위해 그 자리에 있다는 사실을 보여줄 수 있는 유일한 방법이었다.

하지만 평소 내가 소파에서 여유롭게 시간을 보내는 동안 시미나 혼자서 우리 두 사람의 저녁 식사를 준비해왔다는 데 나는 아무런 자각이 없었다. 장례식에 다녀오기 전에도 그랬고, 그 후에도 마찬가지였다. 설거지는 내 몫이었지만 그 정도의 분업이 내가 확신했던 것만큼 균형 잡힌 처사였는지는 잘 모르겠다. 나는 줄곧 전통적 성역할에 반대해왔지만 그럼에도 내 곁의 가장 친밀한 관계에서조차 여성의 노동을 당연한 것으로 기대하고 받아들였다.

한편 장례식 이후 시미나의 가족들이 모인 자리에서는 자신들이 해오던 일의 극히 일부를 거들었다는 이유만으로 나를 남다르다고 칭찬하는 여자친척들의 목소리가 이어졌다. 난카타이nankhatai**가 담긴 통을 식탁 위에 올려놓았을 뿐인데도 시미나의 이모 중 한 분은 이렇게 말씀하셨다. "너는 남자애가 참 착하구나. 어머니께서 뿌듯하시겠어."

이런 칭찬은 '좋은 남자'라는 개념에 관한 또 한 가지 문제를 드러낸다. 남자들에게는 그 문턱이 너무나 낮다는 것이다. 설거지처럼 가장 기본적인 가사노동을 거드는 것만으로도 남자들은 매일같이 화제가 된다.

내가 앞서 털어놓은 경험들이 예삿일이 되고, 종국에는 너무나 자주 인지조차 할 수 없게 되는 것도 바로 이 낮은 문턱 때문이다. 성차별적인 말들, 위협, 성추행, 사생활 침해, 공격성 등은 남자들의 '일반적' 특성으로 여겨지곤 한다. 하지만 '일반적'이라는 말은 위험스럽게도 '허용 가능하다'라는 말과 호환될 수 있다. "남자애들이 다 그렇지." 결국에는 그런 말이 당연하게 받아들여지는 것이다.

남성성이 지금과는 다른 모습이기를 바란다면, 우리는 예외를 갈망할 게 아니라 지금의 기준선 자체에 맞서야 한다. 아무리 어머니를 사랑하고 여자를 위해

** 인도식 비스킷.

출입문을 잡아주고 이야기를 잘 들어주고 페미니스트라 하더라도 예외는 없다. 인종주의, 동성애혐오, 트랜스혐오를 비롯한 온갖 억압을 경험했다고 해도 마찬가지다. 우리가 아무리 '전형적인 남자'의 비난받아 마땅한 행동을 허용하지 않겠다고 해도 '좋은 남자'라는 신화를 영속화하고 예찬하는 한, 결과적으로 지금의 기준선을 눈감아주는 데 공모하게 될 뿐이다.

◆

좋은 남자라는 개념을 넘어서는 새로운 남성성을 상상하다 보면 나는 필경 내 어린 시절로 되돌아간다.

남동생과 다툼이 있을 때면 아빠는 언뜻 나를 보호해주는 것처럼 동생을 향해 이렇게 말하곤 했다. "형 좀 내버려둬라. 쟤는 많이 예민하잖냐." 나는 번번이 지나치게 예민하다는 이유로 훈계를 받았고, 그러다 보니 불공평하거나 그릇된 대우를 (대개 남자에 의해) 받더라도 이를 권위 있는 인물(역시나 대개 남자)에게 알려봤자 시간 낭비일 뿐이라는 사실을 깨닫게 되었다.

언제나 잘못한 건 나였다. 너무 많은 걸 느끼는 내 잘못이었다. 이런 경험으로 인해 나는 내 감정을 혐오했고, 약점을 드러내지 않는 로봇 같은 존재가 되기를 갈망했다.

이제는 내 감수성과 정서를 개탄하지 않아도 된다는 걸 잘 안다. 감정을 깊이 느낀다는 건 예술가인 내게 직무일 뿐만 아니라 축복이기도 하다. 감정은 내 창작의 원천이다. 나는 또한 타인의 감정에 공감함으로써 그들에게 더 나은 친구이자 연인이 되고 싶다. 나는 (가장 많이 견뎌내야 했던 기분인) 두려움을 뛰어넘어 감정의 힘을 다시 배우고, 어째서 감정표현이 종종 여성성의 동의어처럼 받아들여지는지를 인식하며 다음과 같은 사실을 깨닫는다. 지금껏 남자들과 함께한 경험들이 그토록 불쾌했던 건 여성혐오라는 공통된 맥락 때문이었음을.

여성혐오는 일반적으로 '여성을 향한 증오'로 이해된다. 이에 따라 남자들 대부분은 자신이 여성혐오자라고 생각하지 않는다. 자신의 태도가 여성혐오적이라거나 자신이 여성혐오적 행위에 관여한다고도 생각하지 않는다. 인종주의적 시각을 내보이는 이들이 스스로를 인종주의자로 여기지 않듯, 자신이 여성을 혐오한다고 인정하거나 믿는 남자 또한 거의 없을 것이다.

◆

3학년[만 8세] 때 나는 키스에 매료돼 있었다. 텔레비전과 영화에서 키스하는 사람들을 보면 호기심이 일었는데, 부모님이 함께 있을 때면 잘못을 저지르는 듯한 기분이 들기도 했다. 다른 사람과 얼굴을 포개는 느낌이 어떨지, 그렇게 하면 왜 질퍽거리는 신음소리가 나는지 궁금했다. 하지만 누가 내게 입을 맞춰줄까?

　나는 누구에게 여지가 있을지 살펴본 뒤 맨프리트를 첫 키스 상대로 낙점한다. 체크무늬 셔츠를 바지 안에 넣어 입은 채 긴 머리를 하나로 땋고 솜털 같은 구레나룻을 가진 맨프리트는 아이들 사이에서 막 생겨나던 서열의 가장 인기 없는 부류에 속했다. 안경에 민트그린색 줄을 달고 다녔던(부모님의 고집이었다) 나는 맨프리트보다도 인기가 없었지만 맨프리트가 나를 좋아한다는 걸, 아니면 적어도 나를 우러러보고 있다는 걸 감지할 수 있었다. 학년별 교실에는 갈색 피부의 아이들이 얼마 없었다. 게다가 맨프리트는 나보다 어렸다. 그야말로 완벽한 표적이었던 셈이다.

매일 밤 침대에 누워 시나리오를 짰다. 쉬는시간 운동장에 나온 맨프리트에게 어떻게 접근해 키스할지를 남몰래 계획한 것이다. 나는 양손으로 맨프리트의 머리를 붙잡아 도망치지 못하게 할 작정이었다.

계획을 실행하기로 한 날, 맨프리트가 자전거 보관대 부근에서 가벼운 비를 맞고 있는 모습을 발견했다. 가까이 다가가 잠시 수업에 관해 웅얼거리면서 계획을 실행할 기회를 엿보았다. 하지만 맨프리트의 갈색 눈동자에 담긴 동경의 눈빛을 보고는 그만 품고 있던 악의를 버릴 수밖에 없었다. 이윽고 쉬는시간이 끝났음을 알리는 종이 울렸다. 맨프리트는 다시 학교 건물로 뛰어 들어갔다.

천만다행으로 나는 맨프리트에게 억지로 키스하지 않았다. 하지만 그토록 어린 나이에도 여성의 몸으로 시험할 권리를, 여성의 몸을 착취할 권리를 가졌다고 생각한 내 자신이, 나의 어떤 일부분이 두렵다. 그런 행동이 용인되리라는 생각을 나는 대체 어디서 어떻게 하게 됐을까? 내가 맨프리트의 의사를 무시한 채 계획을 실행에 옮기고 그런 행동을 흡족하게 여겼더라면, 내 청소년기(나아가 성인이 된 뒤)의 성적 태도와 성적 행동은 어떤 식으로 달라졌을까? 강제적인 첫 키스는 맨프리트가 자신의 섹슈얼리티에 가지는 태도에 어떤 영향을 주었을까? 그때 마주한 내 일부가 어쩌면 지금도 내면 어딘가에 남아 있는 건 아닐까? 언제든지 되살아날 가능성을 품은 채로 말이다.

◆

이십 대 후반에 쓴 〈안팎In/Out〉이라는 곡은 새로운 관계의 불확실성에 맞서는 내용으로, 가사에는 이런 구절이 있다. "넌 궁금해해선 안 돼. 난 추측해서는 안 돼."

　 나는 한 여성 친구의 의견이 궁금해 데모를 들려줬다가 이 곡이 여성혐오적이라는 말을 듣고 충격을 받았다.

"누굴 때리겠다는 가사가 있던데, 이게 무슨 얘기야?" 친구가 물었다.

"'원하는 걸 말할 때까지 괴롭혀서라도 알아내야겠어 I must have to just beat it out of you' 이거? 정말로 여자를 때려서 알아내겠다 beat out of 는 뜻이 아냐! '알아낼 때까지 괴롭힌다 beat it out of you'는 표현으로 말장난 좀 쳐본 거야. 게다가이 노랜 레즈비언 커플에 대한 내용인걸."

"그렇지만 너는 남자로서 이 노래를 부르는 거잖아. 듣는 사람들은 네가 여자를 때리는 노래를 부른다고 생각할 거야. 네가 아무리 퀴어라고 해도."

나는 수세에 몰려 내가 방어적 태도를 취하는 것같은 기분이 들었다. 그러면서도 내심 친구의 비판을일축하려 했다. 그의 여성학 학위가 남긴, 모든 걸 지나치게 분석적으로 파고드는 버릇이 또 한번 드러났을 뿐이라고 치부한 것이다.

하지만 친구의 말이 옳았다. 여성과 여성성을 향한경멸은 암암리에 행해지며 여성을 사랑하는 것과 무관하게 많은 이에게 영향을 끼친다. 경멸은 (여성학 과정에 쏟아지는 조롱을 비롯해) 갖가지 모습으로 나타난다.

내 아빠가 그랬듯 '예민하다'는 말을 경멸조로, 통제의 기제로 사용하는 건 여성혐오의 일종이다. 엄마의 재킷을 입었다는 이유로 내게 침을 뱉은 행동은 여성혐오였다. 호모 주제에 감히 눈을 마주쳤다며 나를 공격하려 했던 것도 여성혐오였다. 내 걸음걸이를 교정하려는 바람 또한 여성혐오였다. 마른 몸 때문에 느낀 수치심과 근육을 키우라는 게이문화의 압력도 여성혐오였다. 동의 없이도 타인의 신체를 만질 수 있다고 전제하는 남자들의 가정도, 내가 설정하는 경계를 묵살하는 행위도 모두 여성혐오였다. 젊은 여성 승객에 대한 택시기사의 과잉 성애화도 여성혐오였다. 버스 정류장과 프라이드 축제에서 내가 받은 부당한 공격도 여성혐오였다.

공간에 대한 특권의식이라는 주제는 내가 살면서 마주친 여러 남자들에 관한 기억에서, 그리고 나 자신이 남자로 자라온 과정에서 공통적으로 등장하는데, 이는 **타인의** 공간을 제 것이라 주장한다는 점에서 식민주의와도 무관하지 않다. 아울러 공간을 차지한다는 건 실로 다종다양한 모습으로 드러나는 여성혐오의 한 가지 형태다. 이는 거대한 근육질 육체에 대한 중시로 발현될 수도 있고, 과장되고 위협적인 보폭으로 인도를 거닐며 권력을 주장하는 것으로 나타날 수도 있다. 혹은 바에서 시끄럽게 목소리를 높이거나 대중교통에서 다리를 쩍 벌리고 앉는 것으로, 타인에게 직접적인 해를 끼치거나 폭력을 행사하는 것으로 발현되기도 한다. 이런 행동들이 본질적으로 여성혐오인 까닭은 남자들이 그토록 빈번하게 침탈하고 지배하려는 공간이 본디 여성들의 공간이자 젠더 비순응자들의 공간이기 때문이다.

서구 남성성의 역사와 현주소는 여성에 대한 손상과 모독에 바탕을 두고 있다. 따라서 한결 유익한 남성성이란 많은 비서구권 문화에서 오래전부터 그래왔듯 여성성을 존중하고 인정하는 것이어야 한다. [캐나다] 원주민 극작가 톰슨 하이웨이Tomson Highway는 1994년 한 인터뷰에서 이렇게 말했다.

남성은 여성과 그 밖의 모든 것을 지배합니다. 저는 여성에 대한 남성의 지배를 논박하는 데 보탬이 되고 싶습니다. 인류가 끊임없이 지구를 파괴해야만

한다면 우리는 존재할 필요가 없습니다. 저는 이 지점에서 인도 철학과 오스트레일리아 원주민 철학이 우리에게 무언가를 알려준다고 생각합니다. 지구나 만물의 근원과 조화를 이루며 살아갈 가능성을 터득한다면, 우리가 미래 세대를 위해 지구를 보존할 수도 있다는 거죠. 제 희곡이 여신의 귀환, 즉 남성형 신의 추방과 동시에 여성형 신의 정립을 그토록 많이 이야기하는 것도 바로 그 때문입니다. 저는 이 주제를 되도록 간명하게 다루려 합니다. 이런 시도는 여성의 주권을 여성 스스로에게 되돌리는 일이기도 합니다. 모름지기 '남자'라면 [본디 여자들에게 주어진 공간을 넘볼 게 아니라] 자기 자리 밖으로 나오지 말아야죠.

남자가 되는 방법을 배워나가던 시절, 공간을 차지하라는 말 대신 공간을 존중하라는 가르침을 들었더라면 좋았을 것이다. 내가 거주하는 신성한 땅의 주인을 늘 의식하고 감사할 것. 타인의 공간과 몸, 특히 여성의 몸을 유념할 것. 아무리 퀴어한 공간이더라도 타인의 신체에 대한 접촉이 허용되리라 절대 예단하지 말 것. 가능하다면 공간을 양보하고 내줄 것.

내 옷장을 채운 화려한 색채를 지워내지 않았더라면 얼마나 좋았을까. 남성적 공격성은 감정과 섹슈얼리티에 대한 억압을 비롯해 다양한 유형의 억압과 연결돼 있지만, 내가 이십 대에 겪은 정신적 고난의 상당 부분은 무채색 옷만 입어야 한다는 무언의 강요에서 비롯됐다. 화사한 색조차 여성성과 연관되기 때문이다. 내가 체크무늬를 자주 입었던 것도 아마 그 때문이었을 것이다. 북미 남자가 유일하게 입을 수 있는, 색깔과 패턴이 있는 옷이니까.

이렇듯 크고 작은 표현들로 여성성을 되찾는 일은 나라는 사람이 지닌 트랜스다움의, 남자다워야 한다는 압박감으로부터 벗어나고 회복하는 과정의 핵심이었다. 그러나 이제 이런 행위는 더 여자답게 보이고 더 여자답게 행동해야 한다는 압력 앞에서 좌절되곤 한다. 특히 내가 여자로 보이고 대우받기를 바라는 경우에는 더더욱 그렇다. 가혹하지 않은가. 나는 지난 이십 년간 너무 여자애 같다는 이유로 온갖 괴롭힘을 견뎌내야 했다. 그런데 이제는 충분히 여자애 같지 않다는 이야기를 듣는다.

♦

삼십 대에 접어든 뒤로는 어린 시절의 트라우마를 해결하기 위해 심리치료사의 도움을 받기 시작했다. 시각화 훈련을 하던 어느 날, 등에 침을 맞았던 사건이 떠올랐다. 치료사가 회상을 통해 새롭게 알아차린 게 있느냐고 물었을 때, 나는 내가 침을 뱉는 소년에게만 주의를 쏟은 게 아니었음을 깨닫고 놀라움을 금할 수 없었다. 내 신경 일부는 그의 여자친구에게도 쏠려 있었던 것이다. 내가 그런 수모를 겪는 동안 시종일관 웃음을 멈추지 않았던 소녀에게 말이다.

소년이 내뱉은 타액이 엄마의 재킷에 결코 지워지지 않을 얼룩을 남겼듯 그들의 웃음소리는 내 귓가에 영원토록 울려 퍼진다. 소녀는 왜 웃음소리로 소년의 행동을 부추겼던 걸까? 소녀는(그리고 그 일을 목격한 누구라도) 왜 그만두라고 말리지 않았을까? 내 친구는 왜 내가 좋아했으나 나를 때리겠다고 위협한 그를 '다정하다'고 표현했을까? 그의 태도는 잘못된 것이라고 왜 지적하지 않았을까? 어째서 나의 또 다른 친구는 낯선 사람이 술집에서 내 몸을 만지는 게 옳지 않은 행동이라고 말하지 않았을까? 왜 그의 정체를 알아보려고도 하지 않았을까? 나를 위해 그를 제지하거나, 적어도 나와 함께 술집을 빠져나갈 수는 있지 않았을까?

이런 이유로 나는 여자들도 두렵다. 내게 해를 가한 남자들의 기를 세워주거나 그들을 비호한 여자들이, 혹은 내게 쏟아진 폭력을 침묵 속에서 지켜보기만 한 여자들이 두렵다. 나는 남성적 특질을 제 것으로 받아들인 여자들이, 디너파티에서 만난 나를 복종시키고 침묵시키려 하는 여자들이 두렵다. 나를 범죄자로 취급함으로써 끝끝내 남성 탈의실을 쓰게 하는, 나를 희생해 자신들의 편안함을 우선시하려는 여자들이 두렵다. 자신이 겪은 여성혐오를 너무도 깊숙이 내면화한 나머지 나를 샌드백으로 삼으려는 여자들이 두렵다. 여느 남자들처럼 내 대명사를 거부하고 내 여성성을 한사코 부정하는 여자들이 두렵다. 끄트머리가 깨진 매니큐어를 비롯해 내 외모를 힐난하고 손가락질하며 내가 자신들과 동등한 존재가 아니라고 거듭 주장하는 여자들이 두렵다. 내가 트랜스로서의 경험을 털어놓았을 때 우리의 경험이 근본적으로 상이할 수밖에 없다는 사실을 인식하길 거부하며 "여자가 된 걸 환영해" 같은 말로 섣부른 위로를 건네는 여자들이 두렵다. 그러나 나는 무엇보다도 다음의 이유로 여자들이 두렵다. 자매애나 연대감 allyship, 아니 다만 남자들의 위협으로부터의 보호조차도 다른 여자들에게 전적으로 기대할 수 없다는 사실을 경험으로 배웠기 때문이다.

◆

바로 이런 두려움으로부터 남성성을 다시 상상하려는 욕망이, 나아가 젠더화된 경계들을 완전히 무너뜨리는 독창적 젠더의 출현을 축복하고 싶은 마음이 생겨난다. 좋은 남자, 더 나은 남자에 대한 잘못된 희망을 단념하는 것만으로는 충분하지 않다. 여성성을 존중하는 것으로도 충분하지 않다. 이 두 가지 방법은 남성성의 위험

으로부터 멀어지는 찰나의 휴식을 선사해줄지는 몰라
도 근본적으로는 젠더 이분법을 강화할 뿐이다. 이쪽
아니면 저쪽, 양극단에만 머물 수 있다는 기본 전제는
달라지지 않는다.

　예민함처럼 흔히 여성적이라 일컬어지는 내 기질,
엄마 옷을 입는 것과 같은 내 관심사, 내 신체 등이 젠
더화되지 않았거나 여성적 내지 남성적이라고 지칭되
지 않았더라면 내 인생이 어떤 모습으로 흘러왔을지 궁
금하다. 비록 내 젠더는 모종의 강요를 받았지만, 이따
금 남자였던 시절의 면면이, 이를테면 굵은 턱수염의
감촉이나 한때나마 인상적인 두께를 자랑했던 이두박
근 같은 것들이 그리울 때가 있다. 이 그리움은 아마도
애도의 위장일지 모른다. 그토록 열렬히 애써서 내 것
으로 만든 번듯한 외모를 끝내 포기해야만 했다는 데서
깊은 비탄에 빠지는 것이다. 혹은 내가 나를 계속해서
변호하고 증명하느라 온전히 내 것으로 살지 못하는 삶
에 대한 애도인지도 모른다. 여성이라는 것을 외적으로
증명하기 위해 어떤 특징을, 특히 내가 좋아하는 특징
을 포기하지 않아도 된다면 어떤 일이 벌어질까? 내가

진실된 삶을 살아가더라도 과거부터 이어져온 모든 것들, 즉 내가 가진 남자다움이 곧장 거짓이 되는 게 아니라면?

남자였을 적에는 90년대식 유행을 충실하게 좇아 정기적으로 가슴털을 왁싱하며 관리했지만 지금은 가슴털을 소중히 여긴다(그것은 마치 브래지어에서 피어오르는 검은 불꽃처럼 보인다). 그러나 불행히도 모호함과 비순응성은, 특히 그것이 성별과 관련돼 있을 경우에는 더더욱 공포를 자아낸다. 바로 이런 이유에서 남자들은 나를 두려워하고, 여자들도 나를 두려워한다.

그러나 당신의 두려움은 나뿐만 아니라 당신에게도 아픔을 준다. 그 두려움은 어떤 존재라도 될 수 있는 당신의 잠재력을 제한한다. 너무 여성적이라는 이유로, 혹은 너무 남성적이라는 이유로 당신이 얼마나 자주 외모와 행동, 그리고 감정에 대한 열망을 내팽개쳐왔는지 떠올려보라. 내 경우까지 갈 것도 없이, 무엇이 여성적이고 무엇이 남성적이라는 사고방식을 스스로에게 강요하지 않았더라면 **당신의 삶**은 어떻게 되었을까?

당신은 나를, 성별에 따라 달라지는 기대와 제약

에 맞서는 우리 모두를 두려워한다. 그런데 이 두려움이 실은 당신 스스로에 대한 난관이라면 어떻게 해야 할까? 당신이 우리를 '잠재력을 실현한 원형적 존재'로서 존중한다면 오늘날 세상은 어떤 모습일까? 당신의 것일 수도 있고 내 것일 수도 있는 숭고한 가능성을 기꺼이 받아들인다면? 그러면 내가 느끼는 두려움으로부터, 나아가 당신이 느끼는 두려움으로부터 우리는 마침내 해방될 수 있지 않을까?

감사의 말

트리샤 여, 시미나 슈라야, 애덤 홀먼, 레이철 레토프스키(그리고 쿡맥더미드 에이전시팀), 데이비드 로스, 니콜 윈스탠리, 앰버 돈, 파르자나 닥터, 브라이언 램, 티건 앤드 세라, 제임스 번턴, 모건 바넥, 그리고 역사, 투쟁, 승리를 통해 내가 따라갈 길을 앞서 닦아준 무수한 트랜스들과 젠더 비순응자들이 없었더라면 이 책은 세상에 나올 수 없었을 것이다.

나는 남자들이 두렵다

초판 1쇄 펴낸날	2023년 1월 5일
지은이	비벡 슈라야
옮긴이	현아율
펴낸이	박재영
편집	이정신·임세현·한의영
마케팅	신연경
디자인	조하늘
제작	제이오
펴낸곳	도서출판 오월의봄
주소	경기도 파주시 회동길 363-15 201호
등록	제406-2010-000111호
전화	070-7704-5240
팩스	0505-300-0518
이메일	maybook05@naver.com
트위터	@oohbom
블로그	blog.naver.com/maybook05
페이스북	facebook.com/maybook05
인스타그램	instagram.com/maybooks_05
ISBN	979-11-6873-043-4 03330

만든 사람들

책임편집	한의영
디자인	조하늘

옮긴이 **현아율**

주변부로 밀려난 사람들이 만들어낸 음악과 하위문화에 심취해 청소
년기를 보냈고, 그 영향으로 학부에서 문화연구와 영미문학을 전공했
다. 무대와 스튜디오 안팎에서 만들어지는 음악가들의 작업 세계와 그
너머에서 벌어지는 일화들을 엿보길 좋아하고, 세상의 폭력과 압력을
딛고 스스로가 바라는 자아상에 다가가려는 퀴어들의 생존기에 관심
이 많다. 길고양이를 먹이고 촬영하길 좋아하며 이를 기록하는 인스타
그램 계정 캣언니인유어타운(@catunnieinyourtown)을 운영한다. 장래 희
망은 모든 동물과 교감하는 백설공주.